# ÉTUDE

SUR

# LA COLONISATION

ET

# L'AGRICULTURE AU CANADA

PAR

LOUIS PASSY

MEMBRE DE LA CHAMBRE DES DÉPUTÉS
SECRÉTAIRE PERPÉTUEL
DE LA SOCIÉTÉ NATIONALE D'AGRICULTURE DE FRANCE

PARIS
TYPOGRAPHIE GEORGES CHAMEROT
19, RUE DES SAINTS-PÈRES, 19

1887

# ÉTUDE

SUR

# LA COLONISATION

ET

# L'AGRICULTURE

# AU CANADA

PAR

LOUIS PASSY

PARIS

TYPOGRAPHIE GEORGES CHAMEROT

19, RUE DES SAINTS-PÈRES, 19

1887

# ÉTUDE

SUR

# LA COLONISATION ET L'AGRICULTURE

# AU CANADA

## I. — DE L'INFLUENCE DES VOIES DE TRANSPORT SUR LA SITUATION ÉCONOMIQUE DU CANADA.

L'Europe commence à comprendre l'influence que doit exercer sur ses destinées le développement de la civilisation dans les autres parties du monde. Depuis cinquante ans, la science, par la vapeur et l'électricité, accomplit une révolution dont on ne peut prévoir les conséquences. L'Amérique nous fournit certainement un des plus merveilleux exemples de cette révolution foudroyante, et, dans toute l'Amérique, il n'est pas de pays dont les progrès doivent nous passionner davantage que le Canada. Les États-Unis, c'est historiquement l'Angleterre; le Canada, c'est historiquement la France, et la France attend avec impatience que la partie française de la population canadienne joue, dans le développement économique de l'Amérique du Nord, un rôle prépondérant.

Le Canada : le vieux, le vrai Canada est le pays des grands fleuves et des grands lacs. Nulle contrée ne possède naturellement un système plus grandiose de voies fluviales. Nulle contrée n'a fait de plus grands efforts pour mettre à profit les bienfaits de la nature.

C'est donc par les rivières et par les canaux que la civilisation au Canada a commencé son œuvre. La première moitié du siècle a été employée à améliorer les voies navigables, à tourner les rapides qui s'opposaient à la navigation, à créer des débouchés pour transporter les produits des premiers colons et des premiers cultivateurs. Quand les chemins de fer ont fait leur entrée dans ce monde dépeuplé du Canada, ils se sont établis, dans le Canada comme aux États-Unis, à proximité des lacs et des cours d'eau, dont ils se constituaient en quelque sorte les affluents et auxquels ils apportaient les chargements de denrées agricoles. Plus tard, ils essayèrent de pénétrer davantage dans l'intérieur des terres, poussèrent de côté et d'autre, suivant les nécessités et l'occasion, leurs voies intérieures, et enfin frayèrent un chemin jusqu'aux ports maritimes, afin de n'avoir plus recours aux voies navigables qu'ils avaient suivies d'abord et qu'ils voulaient maintenant remplacer.

Tandis que se préparait, par des voies nouvelles de transport, cette évolution économique, les vieilles provinces du Canada se débattaient dans des rêves d'association. Il leur semblait qu'on pouvait, par des lois, effacer les distances.

Les provinces maritimes, séparées du groupe de Québec et de Montréal, dont le commerce spécial était alimenté par le fleuve du Saint-Laurent, avaient demandé la Confédération. Si, pendant cinquante ans, cette question, sans cesse reprise et soutenue dans les conseils des provinces et les délibérations du gouvernement central, n'avait pu aboutir, c'est que la pensée de l'union politique n'était pas encore suffisamment préparée par l'union des intérêts. Lorsque, vers 1860, les chemins de fer commencèrent à s'établir, tout parut facile, et l'accord se fit heureusement. En 1864, il y a plus de vingt ans, sur la demande de la Nouvelle-Écosse, du Brunswick et de l'île du Prince-Édouard, une réunion eut lieu à Québec, et pendant soixante-dix jours on discuta les termes de l'acte de la Confédération. Cet acte fut enregistré par le Parlement d'Angleterre le 29 mars 1867 ; le 1er juillet, l'union fut proclamée entre les provinces du vieux Canada, et ce fut précisément cette même année, en 1867, que la Nouvelle-Écosse et le Nouveau-Brunswick furent réunis aux provinces de Québec et d'Ontario par une voie ferrée.

Comme aux États-Unis, les ingénieurs se préoccupèrent surtout de construire rapidement et à peu de frais les lignes utiles au commerce et à la colonisation : de sorte qu'après avoir créé le Grand-Trunk, qui fut la première des grandes voies ferrées et qui date de 1851, ils suivirent le Saint-Laurent, depuis Montréal, et le lac Ontario, jusqu'à Toronto, pour aller ensuite rejoindre les chemins des États-Unis. Quelque temps après, le Great-Western construisit une longue ligne parallèle, partant également de Toronto, devenu le port principal d'expédition des farines du Canada, et allant aussi à

Détroit, mais passant par Niagara. Enfin, en 1867, des lignes nouvelles dites intercoloniales, commencèrent à relier l'Ontario à la Nouvelle-Écosse, et achevèrent tout un réseau de communications entre les quatre vieilles provinces du Canada : Ontario, Québec, le Nouveau-Brunswick et la Nouvelle-Écosse, c'est-à-dire dans tout l'ancien Canada.

Pendant ce temps, les États-Unis accomplissaient le même travail : ils s'élançaient à travers des pays déserts pour les peupler, perçaient de part en part le bloc de la Confédération, et reliaient l'océan Atlantique à l'océan Pacifique. Il appartenait au Canada d'entreprendre le même travail, et de traverser à son tour l'Amérique du Nord une troisième fois : c'est l'œuvre que vient d'accomplir le *Transcontinental-Canadian-Pacific*, œuvre qui doit, dans un temps donné, exercer la plus grande influence sur les conditions économiques de cette partie du monde. La pensée de fonder une Amérique du Nord anglaise, unie par la solidarité des intérêts et la direction d'un gouvernement central, entrainant dans son immense étendue, non seulement les quatre provinces du Canada civilisé, mais les abords de la baie d'Hudson, le Manitoba et les sauvages territoires du Nord-Ouest, la pensée de gagner l'océan Pacifique à travers les Montagnes-Rocheuses par la Colombie anglaise et l'île de Vancouver : cette grande pensée de politique économique ne pouvait être définitivement réalisée que par un système complet de moyens de transport. Cette œuvre, regardée d'abord comme impossible, vient d'être couronnée d'un grand succès, et le chemin de fer *Transcontinental-Canadian-Pacific* forme désormais, à travers le monde entier, une chaîne qui doit unir toute la race anglaise depuis les Iles-Britanniques jusqu'à l'Australie par le Dominion du Canada. Encore quelque temps, et le Canadien-Pacifique sera sur tout son parcours desservi par des chemins de fer, comme les grands fleuves dont les cours s'augmentent sans cesse par l'affluence des rivières. Encore quelque temps, et une ligne de chemin de fer reliant Montréal avec les ports Saint-Jean et Boniface fera de Montréal, déjà la capitale commerciale, l'entrepôt du Dominion tout entier.

Tandis que les voies de fer offrent à la colonisation des encouragements exceptionnels, à l'agriculture et à l'industrie des débouchés inépuisables, et répandent la vie, le mouvement, la fortune dans les pays hier encore condamnés à leur isolement sauvage par l'absence de moyens de transport, l'Europe s'est mise en communication directe avec ce monde nouveau du Canada. Une ligne partant de Liverpool remonte le Saint-Laurent et aboutit à Québec; une autre, de Liverpool aborde au port d'Halifax ; d'autres encore pénètrent sur le continent américain par les ports de Boston et de Portland ; enfin, une ligne franco-canadienne doit joindre le Havre au port d'Halifax. Voici donc toute l'Amérique anglaise du Nord pourvue de chemins de fer et reliée à l'Europe par des services réguliers de bateaux à vapeur, qui déversent et déverseront de plus en plus sur la vieille Europe les produits agricoles d'un monde nouveau. C'est un fait d'une importance capitale.

En rappelant au commencement de cette étude sur l'agriculture du Canada comment depuis quarante ans, et surtout depuis dix ans, des chemins de fer se sont établis dans toute l'Amérique du Nord, il était nécessaire, dès l'abord, de mettre en lumière cette pensée dominante : que les nouveaux systèmes de transport sont aujourd'hui les promoteurs et les serviteurs des intérêts agricoles, les instruments directs du progrès et de la civilisation. Les chemins de fer qui enlacent aujourd'hui tous les points où peut se déployer avec succès l'activité humaine, ces chemins de fer d'Amérique n'ont pas été seulement construits pour répondre à des besoins déjà créés et à des travaux accomplis, mais aussi pour livrer à la production des territoires incultes et dépeuplés, et pour permettre à la machine à vapeur d'y déposer sans cesse les hommes et des capitaux nouveaux. Ce qui s'est passé au Canada s'est passé aux États-Unis. Pour ouvrir à la vie sociale les vastes territoires du Centre et de l'Ouest, on y a poussé des chemins de fer, et le gouvernement des États de l'Union, comme le gouvernement de la Confédération canadienne, a concédé, le long de ces nouveaux réseaux, des terres qui, revendues à des compagnies ou à des particuliers, deviennent des foyers d'activité agricole. C'est ainsi que le *Transcontinental-Canadian-Pacific* créa, autour de chacune de ses stations, d'abord solitaires, des chantiers de travail, des villages agricoles, des centres de production et de civilisation. C'est donc une véritable conquête sur la nature que, par la science, l'homme accomplit en ce moment, et comme la prospérité présente des États de l'Union américaine, la prospérité future de la Confédération canadienne trouve sa principale cause dans la hardiesse avec laquelle la vapeur a supprimé les distances et conquis la solitude.

Au Canada, comme aux États-Unis, la révolution dans les voies de transport a décidé souverainement de la situation politique et de l'économie sociale. L'établissement des chemins de fer a servi et servira désormais de fondement à la constitution politique et à la puissance économique de la Confédération du Canada.

Ce rapide tableau a ses ombres, et si au point de vue des Canadiens et des Anglais le nouveau chemin de fer est une œuvre rationnelle et paraît une innovation avantageuse, il est évident que les États-Unis devaient, au point de vue politique, comme au point de vue économique, en concevoir quelque alarme. Les Américains se plaisent à répéter qu'il est inutile de chercher à mettre en valeur les étendues inexplorées du Canada, que les territoires du Nord-Ouest sont souvent secs et stériles, la Colombie britannique une mer de montagnes et que le *Canadian-Pacific-Railway*, s'il s'appuie sur le simple commerce entre l'Angleterre et le Japon, est une voie coûteuse et une mauvaise affaire. Il est évident que, pour les Américains, la Colombie britannique ne doit être que la continuation de la Californie et de l'Orégon, que le Manitoba et les territoires du Nord-Ouest sont contigus au Dakota et au Minnesota; qu'Ontario et Québec et la région des lacs appartiennent à un système géologique qui embrasse le Michigan et l'État de New-York, et que les provinces maritimes du Canada ont toujours été naturellement en intime relation avec le Maine.

Depuis quelque temps, une très grave question a été soulevée par le Manitoba. Cette province ne se regarde pas comme satisfaite par la voie ferrée qui la relie aux autres parties du Canada.

Elle prétend, par raison de nécessité publique, se soustraire aux obligations légales qui l'enchaînent, et raccorder ses lignes avec la baie d'Hudson au Nord, et au Sud avec le *Northern-Pacific* américain. Si le Manitoba ne tend qu'à se donner une route plus courte pour l'exportation de ses grains, il pourrait s'arranger avec le *Transcontinental-Canadian-Pacific*, qui le relierait, sur le Lac supérieur, à Port-Arthur et Fort-William; mais sous cette question de chemin de fer se cachent assurément des questions politiques. Il ne serait pas utile et convenable, au point de vue français, de prendre parti entre les intérêts divers qui se disputent la direction de la politique économique dans le Dominion; mais il était important de montrer que les États-Unis peuvent chercher et trouver des occasions pour jeter, dans la nouvelle organisation de l'Amérique du Nord anglaise, des éléments de discorde qui ne serviraient ni les intérêts de la France ni les intérêts de l'Angleterre.

---

## II. — LA POPULATION.

Ce n'est pas la terre qui manque au Canada. C'est l'homme. La question de la population est la question maîtresse. Elle résume toute la politique du gouvernement; elle résume toute l'histoire; elle résume tout l'avenir du Canada.

Le gouvernement n'a pas seulement pour mission d'assurer aux populations d'origines et de mœurs diverses, établies çà et là sur l'immense territoire du Dominion, la sécurité des relations et la liberté des institutions, mais aussi d'augmenter sans relâche ces groupes de population par la source incessante de l'émigration, c'est-à-dire par l'introduction de nouvelles forces humaines dans l'organisation sociale du Canada.

Il y a deux siècles à peine, l'Amérique du Nord, du golfe Saint-Laurent au golfe de Mexico, était occupée par des tribus sauvages dont les romanciers nous ont peint les mœurs et presque l'histoire. Par la baie d'Hudson et par le golfe du Saint-Laurent, les Indiens commencèrent à avoir commerce avec les « pâles visages » qui devaient d'abord les exploiter et les chasser ensuite de ces forêts, de ces prairies, de ces solitudes où ils vivaient en maîtres. Lorsque le buffle couvrait la plaine, la Compagnie de la baie d'Hudson employait les Peaux-Rouges dans ses affaires, et les Peaux-Rouges étaient heureux. Quand le buffle, traqué de toutes parts, finit par disparaître et que les hommes blancs leur disputèrent, les armes à la main, les territoires favorisés qu'ils occupaient, les Peaux-Rouges souffrirent. Ils eurent faim; ils se battirent mal et furent vaincus. Alors, on prit le parti de les cantonner, de les encadrer, de les absorber et de les nourrir. On leur donna par traité des rations, du terrain, une charrue et une paire de bœufs pour travailler. Ils n'étaient pas cultivateurs; ils le deviennent aujourd'hui, par l'exemple et la nécessité. On les a récemment comptés. Ils étaient alors 132.000, tous réunis sur des lots de terre réservés : 85.000 demeurent et travaillent. Le reste est nomade. En fait, la question indienne est résolue. Le Dominion est la propriété des Européens.

Ces Européens, d'où viennent-ils ? Le Canada n'a pas été conquis par une puissance : il a été occupé et civilisé par des colonies étrangères.

L'Océan a versé tour à tour, sur les côtes de l'Amérique du Nord et sur les bords du Saint-Laurent, des flots de population qui se sont succédé, mélangés et juxtaposés, sans entraver l'association politique de la Confédération canadienne. Ce sont les Français qui, les premiers, ont abordé les côtes de la Nouvelle-Écosse et pénétré jusqu'à la région des Grands Lacs. Puis les Anglais sont arrivés et nous ont pris le Canada. Passons. La France tient encore, à Québec, haut et ferme, le drapeau des premiers succès et des glorieux souvenirs. La province de Québec est le domaine des Canadiens français, qui sont 1.200.000 à côté de 300.000 Anglais.

Quel mouvement de flux et de reflux dans la population pendant la guerre de l'Indépendance et après, et depuis, dans les provinces voisines des États-Unis, dans l'Ontario, dans la Nouvelle-Écosse, dans le Nouveau-Brunswick! Il est inutile de rappeler les faits qui se résument dans des chiffres. La race anglaise domine dans l'Ontario et dans les provinces maritimes pour les deux tiers, comme la race française domine dans le Québec pour les trois quarts.

A qui appartiendront le Manitoba et les territoires du Nord-Ouest? A qui surtout appartiendra le Manitoba, parcouru jadis par les tribus indiennes, exploité par la Compagnie de la baie d'Hudson, occupé par les Anglais, convoité par les Américains? Chacun s'y précipite. La victoire paraît appartenir à la race anglaise, à la politique du *Transcontinental-Canadian-Pacific,* à la direction du gouvernement de la Confédération; mais de même que les intérêts des territoires de l'Ouest des États-Unis se confondent avec les intérêts du Nord-Ouest du Canada, de même que les Canadiens ont émigré il y a quelques années dans les États-Unis, pour des raisons économiques; de même les Américains suivent les Canadiens qui retournent dans leur pays et viennent, par le Manitoba, jeter, sur les affaires de la Confédération, le poids de leur jalouse influence.

Indiens, Chinois, Russes et Anglais occupent et occuperont longtemps encore, au milieu de la solitude des forêts et des montagnes, quelques parties de la Colombie anglaise, à peine découvertes et nullement exploitées.

Ainsi de toutes parts arrivent en petits groupes des représentants de toutes les nationalités du monde. Chaque peuple vient prendre tour à tour une place petite ou grande dans ce monde nouveau ouvert et désert de l'Amérique du Nord anglaise.

La population augmente avec une remarquable rapidité.

| | | |
|---|---|---|
| En 1800, le Canada comptait.... | 455.899 | habitants. |
| 1834........................ | 1.302.961 | — |
| 1844........................ | 1.802.889 | — |
| 1851........................ | 2.547.158 | — |
| 1861........................ | 3.323.292 | — |
| 1871........................ | 3.602.596 | — |
| 1881........................ | 4.324.810 | — |
| 1885........................ | 4.800.000 | — |

Mais jetez les yeux sur la carte du monde, et considérez cette Amérique anglaise qui s'étend de l'Océan Atlantique à l'Océan Pacifique. Dans cet espace, on compte 3.300.000 milles carrés. Dispersez sur cet espace 5 millions d'habitants, et le problème de la civilisation du Canada se pose aussitôt dans sa redoutable simplicité. La population, voilà le secret de l'avenir, voilà la fortune du Canada.

---

## III. — DE L'ADMINISTRATION FÉDÉRALE AU POINT DE VUE DE L'AGRICULTURE

La Confédération de l'Amérique anglaise s'est constituée sur les mêmes bases que la Confédération des État-Unis, et, malgré les liens apparents qui semblent attacher le Canada à l'Angleterre, toutes deux ont reçu des événements la même forme d'organisation politique, et toutes deux, dans la conduite de leurs affaires, donnent le spectacle d'une indépendance absolue.

De même qu'aux États-Unis, chaque province du Dominion du Canada s'est réservé son gouvernement propre, sa personnalité politique, administrative, municipale, commerciale et agricole, c'est-à-dire qu'au point de vue de l'agriculture, chaque province a son administration, et que, dans toutes les provinces, cette administration s'exerce dans des conditions spéciales.

Le principe de la Confédération a été formulé et consacré par l'organisation d'un gouvernement central qui siège dans la ville d'Ottawa. Ce gouvernement fonctionne par l'organe de deux Chambres et d'un ministère responsable qui relève exclusivement du parlement. Le gouverneur général est le seul fonctionnaire nommé par l'Angleterre, et son rôle consiste à assister le gouvernement qu'exerce un cabinet créé par la majorité du Parlement canadien.

Le cabinet fédéral est chargé de défendre les intérêts communs, notamment de faire voter les lois civiles et criminelles, d'assurer le service des postes et le service militaire, et de régler la plupart des questions qui touchent aux finances, au crédit public, à la navigation, aux pêcheries, à l'émigration, à la colonisation et au commerce international.

Dans ce cabinet, composé de treize ministres, figurent le ministre de l'agriculture et le ministre de l'intérieur. Ce dernier a pour attributions le service géologique, l'administration des terres de la confédération, la direction de la colonisation, enfin l'administration des affaires indiennes. A tous ces points de vue, le ministre de l'intérieur exerce une action indirecte, mais très importante, sur l'économie rurale du Canada.

On ne saurait assez louer la résolution, la persévérance, le succès avec lesquels on a toujours poursuivi l'investigation systématique de la géologie et de la minéralogie du Canada. On ne saurait rappeler trop souvent que, depuis 1841, le gouvernement canadien a organisé cet important service et qu'il plaça à sa tête, en 1842, l'illustre Logan qui choisit comme collaborateur Alex. Murray. Aujourd'hui M. Selwyn a succédé à Logan et, depuis 1877, le bureau scientifique de la géologie a été placé plus directement sous les ordres du ministre de l'intérieur. Pour tous ceux qui savent quels rapports intimes unissent la géologie à l'agriculture, il est aisé de prévoir les conséquences qu'une pareille institution exercera dans un avenir éloigné mais certain sur le développement des principes scientifiques en matière d'économie rurale. Jusqu'à présent, on parcourt, on découvre, on constate, et la minéralogie recueille les fruits de ces nobles efforts ; mais un jour viendra où les gisements de charbon, d'ardoise, de sel, de fer, de plomb, de phosphate, ne seront pas l'objet principal des travaux des géologues officiels. L'influence de la nature des terrains sur les productions du sol sera mise en pleine lumière.

Il était assez naturel de rattacher au ministère de l'intérieur le service de la géologie du Canada, puisque ce ministère devait présider à l'arpentage général de toutes les terres concédées et à l'établissement légal de la propriété foncière, et c'est ainsi que le ministre de l'intérieur s'est trouvé chargé de l'administration des affaires indiennes. En effet, à la suite des conventions avec le gouvernement anglais, les six nations indiennes avaient cédé leurs terres, le sol même qu'elles parcouraient ou possédaient, moyennant la garantie de certaines réserves territoriales et de certains avantages pécuniaires. Ainsi la terre, la terre proprement dite, la terre envisagée au point de vue de son administration scientifique et légale, économique et politique, est l'attribution particulière des services divers du ministère de l'intérieur.

Tout autre est la mission du ministère de l'agriculture.

Ce ministère est chargé de diriger tout le service de l'émigration et de l'immigration; de donner satisfaction aux intérêts agricoles, envisagés au point de vue de la prospérité générale ; d'assurer le service de l'hygiène et l'étude des épizooties, le service de la statistique et des brevets d'invention. Toutefois, lorsqu'on rédigea l'acte de la Confédération de l'Amérique du Nord, en 1867, on maintint les départements de l'agriculture tels qu'ils existaient dans les provinces du Canada; et, par l'article 95 de l'acte constitutionnel, on décida que les matières relatives à l'agriculture et à l'émigration, à la surveillance des Sociétés d'agriculture et au développement des intérêts agricoles appartiendraient concurremment aux autorités fédérales et aux autorités provinciales.

Il est étonnant que le ministère fédéral de l'agriculture, avec les faibles ressources dont il dispose, soit en argent, soit en influence, puisse faire tant de bien; mais il y réussit par la coopération cordiale des ministères de l'agriculture dans chacune des provinces. L'autorité centrale prépare les statistiques agricoles, sans pour cela que les autorités provinciales se dispensent d'en préparer aussi. Ces statistiques se font par les soins des Sociétés d'agriculture, et, dans les nouveaux territoires, par les soins des cultivateurs de bonne volonté. En retour de ces bons services et de ces informations constantes, le département de l'agriculture siégeant à Ottawa communique toutes les informations agricoles qui peuvent lui arriver d'Europe, et travaille avec ardeur à favoriser l'instruction agricole. Sa tâche, on le conçoit, est au-dessus de ses forces et de son zèle. Il ne peut pas et il ne pourra jamais exister au Canada une agriculture : le Canada aura toujours des agricultures.

Avec son immense étendue, la variété de son sol et les différences de son climat, le Dominion peut produire toutes les céréales et cultiver toutes les plantes ; il pourrait un jour nourrir une partie du monde après s'être nourri lui-même. Mais, il faut bien l'avouer, la nature conservera longtemps encore les aspects de la solitude et l'homme fera défaut à la nature.

Le gouvernement fédéral vient de donner une preuve éclatante de la direction qu'il entend donner à l'instruction agricole.

Le Parlement fédéral, en 1884, nomma une commission extraordinaire pour rechercher les meilleurs moyens d'encourager et de soutenir les intérêts agricoles au Canada. Cette commission ouvrit une enquête. Elle adressa une série de questions aux agriculteurs les plus distingués et aux savants les plus autorisés du Dominion. Cette enquête constata les vices de l'agriculture canadienne. Elle reconnut le défaut d'un système régulier de culture, d'assolement, d'engrais, la nécessité de faire venir des contrées dont le climat est semblable au Canada, des graines, des plantes, des animaux de pure race, l'utilité d'une ferme expérimentale et d'un bureau central d'agriculture chargé de tenir à jour et de publier la statistique de toutes les récoltes, les prix des denrées sur les marchés canadiens et étrangers, l'intérêt même qu'offrirait la publication de manuels, rapports et instructions pour recommander les meilleures méthodes de culture et pour donner, par l'intermédiaire des entomologistes officiels, les moyens de combattre les insectes nuisibles.

Le tableau suivant est très intéressant. Il explique comment un mouvement d'opinion publique a été imprimé à l'agriculture canadienne, non seulement par le gouvernement fédéral, mais dans toutes les provinces par les cultivateurs dont cette Commission d'enquête avait requis le concours et demandé l'opinion. Voici le décompte des votes sur chacune des questions posées :

| | | | |
|---|---|---|---|
| Établissement d'une ferme expérimentale | 278 | contre | 64 |
| Création d'un poste d'entomologiste officiel | 198 | contre | 117 |
| Établissement d'un bureau central | 256 | contre | 62 |
| Rédaction de manuels, rapports et bulletins | 255 | contre | 48 |
| Bureau statistique | 211 | contre | 74 |

Cette enquête a été suivie de résolutions qui ont fait

entrer le Canada dans le courant d'organisation scientifique que suivent presque tous les États de l'Europe et de l'Amérique.

Un bill a été voté, en 1886, pour établir près d'Ottawa un grand établissement qui serait à la fois une sorte d'Université et de ferme expérimentale. Cet établissement doit servir aux deux provinces d'Ontario et de Québec, et doit être placé sous la direction du professeur Saunders. On essaiera dans cette ferme les graines de toutes sortes, et on les soumettra à des expériences scientifiques. On s'occupera de l'élevage du bétail et de la fabrication des engrais.

On a construit déjà un laboratoire pour constater la qualité des blés de semence. Les agriculteurs peuvent y envoyer leurs blés et en connaître exactement la qualité. Ces analyses sont gratuites. La ferme expérimentale d'Ottawa doit rivaliser avec les écoles d'agriculture et les stations agronomiques de l'Europe et des États-Unis. En même temps, de semblables établissements seront créés sur le même modèle et avec le même programme, aux frais du gouvernement fédéral, dans chacune des provinces de la Confédération. Le bill de 1886 nous montre que le ministère de l'agriculture a reçu du Parlement la mission de prendre en main le mouvement scientifique de l'agriculture et de centraliser toutes les données, toutes les études, tous les efforts par lesquels l'agriculture pourrait être, suivant la diversité des sols et des climats du Dominion, poussée dans la voie du progrès.

Qu'on envisage l'œuvre de la colonisation ou qu'on envisage l'œuvre de l'agriculture proprement dite, on s'aperçoit aisément que la nécessité de pourvoir aux premiers besoins d'une organisation administrative a déterminé la constitution des services administratifs au point de vue agricole. De même que le bureau de la géologie fonctionne sous l'autorité du ministre de l'intérieur et la direction de M. Selwyn, le bureau de l'entomologie figure sous l'autorité du ministre de l'agriculture et la direction de M. Fletcher; mais nous nous permettons de signaler au gouvernement canadien l'avantage qu'il aurait à constituer à Ottawa une Société nationale d'agriculture canadienne semblable à la Société nationale d'agriculture de France. Peut-être serait-il difficile de réunir à Ottawa, comme se trouvent réunies à Paris, les notabilités scientifiques des diverses provinces de la Confédération; mais il serait aisé de tourner cette difficulté en n'exigeant pas la résidence et en constituant d'une manière très forte le bureau qui centraliserait la correspondance scientifique des savants canadiens groupés en sections suivant la nature de leurs travaux. Le ministre de l'agriculture trouverait dans l'organisation d'une société centrale, libre dans ses choix, mais presque officielle par ses rapports avec le gouvernement, des concours puissants, intimes et perpétuels. Rien ne nous paraît mieux convenir au développement de la science que la création d'une société nationale d'agriculture canadienne. Nous ne pouvons mieux faire que de citer l'exemple qu'offre à nous dans l'Uruguay une grande société libre. L'Association rurale de l'Uruguay est aujourd'hui confondue avec la Direction administrative de l'agriculture de cet État.

Pour bien faire comprendre le caractère général du ministère fédéral de l'agriculture, il convient de relever, dans le rapport présenté en 1885 au Parlement, des études sur les insectes nuisibles à l'agriculture, matière qui se rattache en quelque sorte au service des épizooties, et un rapport sur les phosphates, et sur l'usage qu'on peut en tirer pour le service agricole. Ces nouveaux exemples prouvent que le ministre de l'agriculture, dans le Parlement fédéral du Canada, étend son action partout où il croit servir un intérêt général.

En définitive, l'œuvre de la colonisation est confiée aux deux ministres de l'agriculture et de l'intérieur. Le ministre de l'agriculture s'occupe de la population, et dans la population, du personnel des émigrants et des colons; mais le ministre de l'intérieur a sous sa direction tout le système de la colonisation, au point de vue de la législation, de l'arpentage général du territoire, de la concession des terres et de l'exécution des conditions auxquelles ces concessions sont attachées.

---

## IV. — DES LOIS RELATIVES A LA COLONISATION

### I. — CONCESSION DE TERRES FÉDÉRALES DANS LES NOUVELLES PROVINCES.

La terre, au Canada, se compose de terres concédées et non concédées. Dans les anciennes provinces, les terres non concédées sont la propriété de ces provinces, qui en disposent par l'entremise de fonctionnaires nommés à cet effet, conformément à leur législation spéciale.

Les terres du Manitoba et des territoires du Nord-Ouest appartiennent au peuple du Canada tout entier, et sont administrées par le gouvernement fédéral.

Commençons par énumérer les dispositions essentielles de la loi qui règle les concessions de terres dans le Manitoba et les territoires du Nord-Ouest.

*Système d'arpentage.* — Les terres du Dominion sont divisées en quadrilatères communaux, contenant chacun trente-six sections d'environ 1 mille carré, ou 640 acres, autant que le permet la convergence du méridien.

Les communes sont numérotées par ordre régulier au nord, à partir de la frontière, ou du 49° de latitude ; et, dans le Manitoba, elles sont rangées par ordre numérique à l'est et à l'ouest d'un certain méridien, nommé méridien principal. Dans les territoires du Nord-Ouest, elles sont rangées par ordre arithmétique, à partir d'autres méridiens nommés : second, troisième, quatrième méridien, et ainsi de suite, selon leur ordre, à partir du méridien principal.

Chaque section de commune, ou de 640 acres, est divisée en sections de quartiers de 160 acres chacune, désignées, suivant leur situation, par nord-ouest, nord-est, sud-ouest ou sud-est. Pour faciliter la délivrance et le libellé des lettres patentes accordant moins d'une section de quartier, on suppose que chacune de ces sections est divisée en sous-section de quartier de 48 acres, et cette subdivision est nommée légale.

*Concession des terres du Dominion.* — Quant à la concession, les terres du Dominion, dans le Manitoba et les territoires du Nord-Ouest sont distinguées et divisées en deux classes : sections paires et sections impaires.

Les sections de nombre pair, excepté celles portant les numéros 8 et 26, qui sont réservées à la compagnie de la baie d'Hudson, sont concédées à titre de Homestead (habitations) et de préemption ; les numéros impairs 11 et 29, qui sont les sections allouées aux écoles, sont gardées pour la vente, et aussi pour être concédées dans le but de favoriser la construction des railways de colonisation.

*Homestead et préemptions.* — Le homestead est l'octroi gratuit par le gouvernement d'un quart de section, c'est-à-dire 160 acres ou 64 hectares, à choisir sur les terres qui lui appartiennent ; et le droit de préemption est la faculté réservée au colon d'acheter de préférence à tout autre le quart de section attenant à son homestead, à des prix variant de 10 à 15 francs l'acre (25 à 37 francs l'hectare).

Toute personne mâle ou femelle, chef de famille, ou

tout mâle ayant atteint l'âge de dix-huit ans, a le droit de s'adresser à l'agent local du district dans lequel est située la terre qu'il désire obtenir, et, en payant un droit fixe de 10 dollars d'obtenir un homestead, c'est-à-dire un enclos d'une quantité de terres comprenant une section de quartier ou 160 acres dans la classe des terres réservées à cet effet. Cette concession autorise le preneur à cultiver cette terre à l'exclusion de toute autre personne ; mais la terre reste à la Couronne jusqu'à ce qu'une patente définitive ait consacré la concession du homestead.

Toute personne obtenant la concession d'un homestead est en droit d'obtenir, contre le paiement de 10 dollars, un privilège de préemption pour une section de quartier contiguë à sa première concession.

Il est accordé six mois à l'acquéreur, à partir de la date de la concession, pour compléter ses droits en prenant possession de la terre en personne, y fixer sa résidence et commencer à la cultiver ; si dans ce délai ces formalités n'ont pas été accomplies, la concession du homestead est nulle, excepté le cas où il est accordé une prorogation de délai.

Dans le cas où des émigrants ou d'autres personnes ont l'intention de s'établir ensemble, le ministre de l'intérieur, sur une requête revêtue de leurs signatures, peut autoriser leur mandataire à obtenir des homesteads et des préemptions avant leur arrivée sur le territoire. En ce cas, le délai accordé pour remplir les formalités exigées peut être porté à douze mois.

Le colon ayant prouvé qu'il a résidé sur la terre à lui concédée, et l'a cultivée pendant trois ans à partir du jour où il a rempli les formalités préliminaires, a droit à une patente de la Couronne, pourvu qu'il soit sujet anglais de naissance ou naturalisé anglais. En cas de décès, ses ayants droit lui succèdent dans sa concession, mais l'un d'eux ou tous ensemble doivent remplir les formalités exigées.

Au cas où il ne convient pas au colon de résider sur sa concession pendant les trois années à partir des formalités d'entrée, les conditions nécessaires pour obtenir la patente de la Couronne doivent être remplies par la construction d'une maison d'habitation, où il devra résider trois mois avant de présenter sa requête pour l'obtention de la patente. Depuis la date des préliminaires d'entrée en concession jusqu'à l'expiration des trois mois de séjour, il doit résider six mois au moins chaque année dans un rayon de 2 milles de sa section de quartier. Il doit en outre, en pareil cas, défricher et préparer pour la culture au moins 10 acres de son enclos pour la première année. La seconde année, il doit récolter le produit de ces 10 acres et en préparer 15 autres. La troisième année, il doit récolter le produit de ces 25 acres et en préparer encore 15 de plus.

Un concessionnaire a encore le privilège d'obtenir la patente de la Couronne avant l'expiration des trois ans, s'il paie au gouvernement le prix de la terre, et prouve qu'il a résidé douze mois sur sa concession et qu'il a mis déjà 30 acres en culture.

Dans le cas où un certain nombre de concessionnaires, ne formant pas moins de vingt familles, dans le dessein de fonder plus facilement des écoles et des églises, demandent à s'établir tous ensemble dans un village ou bourg, le ministre de l'intérieur peut les dispenser de la condition de résidence sur la concession ; mais les conditions qui concernent la culture restent les mêmes.

La concession d'un homestead peut être toujours retirée, s'il est prouvé que le colon n'y a pas résidé et n'a pas cultivé cette concession pendant au moins six mois de chaque année depuis les formalités de l'entrée ; mais s'il tombe malade, s'il retourne à sa terre natale pour ramener sa famille sur sa concession, ou dans d'autres cas spéciaux, le ministre de l'intérieur peut accorder une prorogation de délai qui permet au colon de s'absenter sans perdre ses droits ; toutefois, ce congé d'absence ne peut pas compter pour le temps fixé pour la résidence.

Un colon ayant une concession de préemption en raison de son homestead, est également en droit d'obtenir la patente de la préemption en payant au gouvernement le prix de la terre ; pourvu que ce paiement soit effectué dans les six mois, à partir du moment où il a obtenu la patente pour le homestead.

Le droit de préemption qui découle de la concession d'un homestead doit cesser à partir du 1er janvier 1890.

Les privilèges de concession de homestead et de préemption ne sont applicables qu'aux terres cultivables.

*Les bois pour les colons.* — Dans les communes qui se composent en partie de prairies et en partie de terres boisées, ces dernières, si on le juge utile, sont divisées en lots forestiers de 20 acres au plus et de 10 acres au moins, et chaque colon qui n'a pas plus de 10 acres de bois sur son homestead (section de quartier) a le droit, en en faisant la demande à l'agent local, d'être mis en possession d'un de ces lots, pourvu que le postulant en paie le prix fixé et qu'il remplisse les conditions exigées par la loi; il peut alors obtenir une patente pour le lot forestier.

L'annulation de la concession de la section de quartier dite homestead implique également le retrait du lot forestier et la perte du prix d'achat.

Il est interdit au colon, avant d'avoir obtenu la patente, de vendre aucun bois sur son homestead (section de quartier) ou sur sa préemption, ou sur les lots forestiers qui en dépendent, sans une permission du ministre de l'intérieur, sous peine d'amende ou d'emprisonnement, et sous peine aussi de la déchéance de la concession du homestead (section de quartier) et de la préemption qui en dépend.

*Ventes.* — Les sections impaires des terres du Dominion, à l'exception des sections des écoles et de celles qui sont réservées pour favoriser la construction des railways de colonisation, peuvent être acquises aux prix, termes et conditions fixées d'époque en époque, suivant les circonstances, par le gouverneur général.

*Dotation scolaire.* — Le Parlement du Canada a libéralement pourvu au développement de l'éducation dans le Manitoba et les territoires du Nord-Ouest en leur réservant les sections 11 et 29 dans toutes les communes dépendantes du Dominion, à titre de dotation spéciale. Ces sections sont nommées terres scolaires, et sont administrées par le gouverneur général, par l'intermédiaire du ministre de l'intérieur. Elles peuvent être vendues à l'encan sur une mise à prix fixée d'époque en époque par le gouverneur général.

Les sommes qui résultent de ces ventes sont placées en fonds d'État du Dominion, et leurs revenus servent à rembourser les dépenses du gouvernement ou de la province qui supporte les frais des écoles publiques.

*Sections de la Compagnie de la baie d'Hudson.* — Les sections 8 et 26 dans chaque cinquième commune, c'est-à-dire dans les communes 5, 10, 15, 20, 25, et ainsi de suite, les sections 8 et les trois quarts de la section 26, dans toutes les autres communes, sont réservées à la Compagnie de la baie d'Hudson, aux termes et conditions de l'acte de rétrocession de cette Compagnie à la Couronne, en vertu duquel elle a droit à un vingtième de la terre du « fertile Belt », droit auquel il a été donné satisfaction par la réserve des sections susdites.

## II. — CONCESSION DE TERRES DANS LES ANCIENNES PROVINCES.

Dans la province d'Ontario, les terres publiques qui ont été arpentées sont considérées comme propres à la culture et doivent être réservées à de libres concessions. Deux cents acres sont la limite générale des concessions.

Un homme âgé de dix-huit ans, ou un homme marié avec un enfant au-dessus de cet âge, a droit à une concession de 100 acres. Le chef mâle de famille ou une femme chef de famille ayant un enfant ou des enfants au-dessous de dix-huit ans résidant avec elle, peut obtenir une concession de 200 acres pour le prix de 50 cents par acre. Tout concessionnaire doit défricher au moins 15 acres et les mettre en culture. Il faut bâtir une maison habitable, résider sur la terre et la cultiver pendant cinq ans. Bien entendu, on peut s'absenter, mais cette absence ne doit pas durer plus de six mois. Ces concessions peuvent être sous-louées à certaines conditions. Il y a, dans la province d'Ontario, cent vingt-trois communes où sont ouverts des bureaux pour la location ou les concessions.

Dans la province de Québec, le gouvernement a arpenté environ 6 millions d'acres de terres appartenant à la Couronne. Les terres achetées du gouvernement sont payées : un cinquième comptant le jour du contrat, et le reste en quatre paiements égaux, avec un intérêt de 6 pour 100. L'acquéreur est tenu de prendre possession de la terre dans les six mois du contrat, et de l'occuper pendant deux ans; il doit défricher, dans une période de dix ans, 10 acres pour chaque 100 acres achetées, et construire une maison habitable, de 16 pieds de large sur 20 pieds de long. Ce mode de concession est également suivi dans la province d'Ontario.

Une loi votée par la législation de 1868 accorde aux colons des privilèges très étendus dans le but de les protéger contre des revers de fortune dans les premières années de leur installation, et exempte de saisie, depuis le jour de l'occupation du sol et pendant dix années après la délivrance du titre de propriété, ses effets, ses instruments, bêtes de somme et provisions.

Dans la province du Nouveau-Brunswick, les terres de la Couronne sont concédées sous trois formes diverses. D'abord : 1° suivant l'acte qui concerne les concessions des terres de la Couronne ; 2° suivant l'acte du labourage ; 3° par voie d'adjudication. Pour obtenir une libre concession, il faut commencer à défricher et à cultiver le lot un mois après l'approbation ; dans les trois mois, améliorer la valeur du lot d'environ 4 livres 3 schell. ; dans l'année, bâtir une maison en cultivant plus de 2 acres ; dans les trois ans, en cultiver au moins 10, et continuer à cultiver. Pour recevoir un lot, il faut avoir au moins dix-huit ans ; enfin, on ne peut pas obtenir plus de 100 acres de terre. Dans l'acte dit du « labourage », le colon qui s'engage à défricher peut recevoir un lot n'excédant pas 100 acres. La différence entre ce mode et le mode de la libre concession, c'est que le colon peut payer 20 schellings en espèces ou faire des prestations en nature pour aider à la construction de chemins ou de ponts dans le voisinage de sa concession. Dans le cas d'une adjudication, le prix est de 80 cents par acre, en ajoutant les frais d'arpentage.

Le Nouveau-Brunswick contient un domaine de 1.650.000 acres, qui appartient à une compagnie dont le siège est à Édimbourg, et qui vend ses terrains à des conditions spéciales. Le professeur Johnston, qui a parcouru cette province, a présenté un rapport au gouvernement, et il conclut : 1° que le sol du Brunswick est capable de subvenir aux besoins d'une population de 5 à 6 millions d'habitants ; 2° que le climat est parfaitement sain, et que le sol n'est pas inférieur à la moyenne des sols de l'Angleterre.

Dans la province de la Nouvelle-Écosse, 4 millions d'acres environ appartiennent à la Couronne. Toutes ces terres ne peuvent être mises en culture ; mais on y trouve des lots de 5 à 10.000 acres d'un abord facile et susceptibles d'être cultivés. Le prix des terres de la Couronne est de 44 schellings pour 100 acres.

Dans la province de la Colombie anglaise, les lois sur la terre et la préemption sont les suivantes : chaque chef de famille, femme ou homme âgé de dix-huit ans, sujet anglais, a le droit de prélever un lot de terre n'excédant pas 320 acres en étendue sur la partie nord et la partie nord-est du flanc des montagnes, et 160 acres dans les autres parties de la province. La résidence pendant une période de deux ans est nécessaire, et le payement de 2 schellings par acre est indispensable pour compléter les formalités du droit de préemption.

Les lois relatives à la distribution de la propriété sont en relation directe avec le mode qui régit les terres. Le droit de substitution n'existe pas au Canada : chacun peut disposer de sa propriété comme il le désire. Les lois des provinces, excepté Québec, sont fondées sur les lois ordinaires de l'Angleterre; mais ces lois ont été si profondément modifiées, qu'elles ont pris un caractère d'uniformité dans les usages des diverses provinces. Quand on meurt *ab intestat*, la propriété est dévolue aux plus proches parents. Par la loi commune d'Angleterre, la propriété ne peut pas remonter. Cette loi n'est plus en usage au Canada, excepté dans le Nouveau-Brunswick. Dans Ontario, la loi d'après laquelle la propriété ne remonte pas a été depuis longtemps pratiquée. Aucune loi de primogéniture au Canada; aucune différence entre les enfants d'un seul lit ou de deux lits.

## V. — LA PROVINCE DE QUÉBEC

Supposons maintenant que, résolus à visiter le Canada, nous nous embarquions à Liverpool. Pendant la traversée, nous avons complété nos informations par des causeries avec les Canadiens qui retournent dans leur pays, ou par la lecture des livres que nous avons emportés pour nous bien préparer au voyage. Le nombre et la qualité de ces livres agréables et savants nous ont permis déjà d'entrevoir par l'imagination ce que nous allons voir par nos propres yeux. Citons les ouvrages de Marmier, de Gerbié, de Taché, de Tassé, de Lamothe; en français, les charmants récits de voyage de M. de Molinari, de M. Demanche; en anglais, de Frayser, l'excellente notice sur le Canada publiée par M. Carling, ministre de l'agriculture du gouvernement fédéral; l'ouvrage pittoresque du marquis de Lorne; les savants articles de M. Fream, publiés en 1885 dans le *Journal* de la Société royale d'agriculture d'Angleterre, articles que nous avons lus, relus, analysés et traduits ; les revues du Canada, le *North American Review* et le *Paris-Canada*, dirigé patriotiquement par M. Hector Fabre ; enfin et surtout les documents et rapports officiels présentés aux Parlements de la Confédération et des diverses provinces par les ministres compétents et les Conseils supérieurs d'agriculture.

Nous voici donc préparés, et il est temps, car nous entrons dans le golfe du Saint-Laurent : nous naviguons même dans les eaux du Saint-Laurent, lorsque nous croyons être en pleine mer. Peu à peu, les rivages se rapprochent, et quand nous arrivons à une journée de Québec, le Saint-Laurent devient pour ainsi dire une grande rue. Sur les deux rives on n'aperçoit que petites maisons blanches, encadrées dans des jardins ou entourées de forêts. Enfin, voici Québec ! Saluons la capitale historique du Canada français.

La province de Québec, après cent ans de domination anglaise, est restée la terre de France. Elle occupe dans le Canada, ou mieux dans l'Amérique du Nord, une situation spéciale. Elle a conservé le caractère religieux de la première colonisation. Les noms des saints et des pères de l'Église catholique sont inscrits dans la géographie du pays. Sur la population qui compte 1.500.000 habitants, 1.200.000 sont Français. Les coutumes françaises et la langue française ont conservé leur ancienne influence. Les villages ont gardé le même aspect. Autour de l'église de style normand, et couverte de son toit reluisant, se groupent des habitations champêtres et des exploitations rurales. On croirait revoir nos villages normands ou bretons.

Cette vaste province qui s'étend sur les bords du Saint-Laurent et qui semble en accompagner le cours, s'étend jusqu'à la baie d'Hudson. Elle est très inégalement occupée. Les bords du Saint-Laurent et des rivières qui viennent jeter leurs eaux dans les siennes, ont attiré les efforts des cultivateurs. Une grande partie de la population est concentrée autour des grandes villes de Québec et de Montréal, et d'immenses étendues de territoire attendent encore des habitants et des propriétaires. Les Anglais sont groupés autour de Québec et de

Montréal, ou sur les bords de la rivière Ottawa. La population rurale de la province de Québec, par ses mœurs, ses traditions, sa religion, appartient à la France. Nous aimons à le répéter.

Dans la province de Québec, le département de l'agriculture et des travaux publics est dirigé par un ministre, lequel préside un Conseil supérieur de l'agriculture. Le fond de l'organisation agricole des provinces du bas Canada a beaucoup d'analogie avec l'organisation agricole de la Belgique. Tout le mouvement agricole est abandonné à des sociétés d'agriculture qui se recrutent librement, mais qui reçoivent des subventions importantes du gouvernement provincial, sous la condition que ces subventions seront employées suivant un règlement uniforme. Tous les ans, ces sociétés sont obligées de tenir des réunions pour récompenser dans leurs circonscriptions les terres les mieux cultivées, pour organiser des concours de labourage, d'animaux, d'instruments aratoires, et pour distribuer gratuitement des graines fourragères. Il semble que les concours entre cultivateurs n'aient pas produit grand effet, car les réclamations n'ont point manqué de les accompagner ; mais, en revanche, d'un avis unanime, la distribution des graines fourragères a grandement amélioré les prairies et favorisé l'industrie du bétail, et parfois même l'achat d'animaux reproducteurs a produit de bons effets. Tous les ans, le président de chaque société fait un rapport au ministre. Le directeur de l'agriculture résume les rapports dans une publication officielle présentée au Parlement de la province. Un journal officiel a été créé, il y a six ou sept ans, sous le nom de *Journal d'agriculture*. Il ne faut pas oublier qu'au ministère de l'agriculture siège un comité permanent des expositions agricoles et industrielles de la province, et que l'exposition agricole de Montréal a eu, ces dernières années, le plus brillant succès. Même organisation, dans la province d'Ontario.

La province de Québec possède trois écoles d'agriculture : les écoles de Sainte-Anne-de-Lapocathiere, de l'Assomption et de Richmond et l'école vétérinaire de Montréal.

La paroisse de Sainte-Anne-de-Lapocathiere est située sur la rive sud du Saint-Laurent, à 24 lieues de Québec, et c'est en 1859 que la corporation du collège de Sainte-Anne résolut d'annexer à son établissement une ferme-modèle. C'est un honneur de rappeler que dans la patrie des Canadiens français l'école d'agriculture de Sainte-Anne s'est élevée sur le modèle des écoles de Grignon, de Grand-Jouan, de l'Institut agricole de Beauvais, et de la colonie agricole de Mettray. C'est avec émotion que dans un mémoire sur cette institution, daté du 9 février 1867, le procureur du collège de Sainte-Anne soutint que la culture de l'héritage paternel est un devoir patriotique, une obligation de famille, et qu'il invoqua, pour faire aimer l'agriculture, les noms d'Olivier de Serres et de Mathieu de Dombasle.

Dans les vieilles provinces du Canada, la bonne volonté et même la direction scientifique des administrations provinciales ne font pas défaut. Ce qui fait défaut, ce sont les cultivateurs instruits et aimant leur métier. Au Canada, comme en France, des pères de famille peu fortunés préfèrent soustraire leurs enfants aux fatigues et aux hasards de l'agriculture et les faire entrer dans les professions libérales; si bien que l'agriculture est livrée à ceux qui ne savent pas la pratiquer, ou qui ne peuvent pas en payer les frais. En 1876, les rapports officiels constataient qu'en dépit des efforts renouvelés depuis longtemps par l'administration de la province, la condition de la masse des cultivateurs n'avait pas subi une amélioration progressive et générale. Depuis dix ans, la situation ne paraît pas être changée, et l'agriculture des territoires exploités depuis longtemps par les anciens Franco-Canadiens, semble tourner dans le cercle des vieilles routines. Ainsi de bons juges soutiennent que les façons données au sol cultivé sont insuffisantes, superficielles, exécutées avec trop de précipitation, souvent hors de saison. Les hersages laisseraient beaucoup à désirer, et la majeure partie des herses employées étaient récemment encore en bois. Les terres avaient été ruinées par des cultures trop répétées et l'absence d'engrais. A ce propos, il faut constater la découverte, dans la province de Québec, de vastes gisements de phosphate, et l'influence que cette découverte peut entraîner au point de vue agricole comme au point de vue industriel.

Il n'en est pas de même de l'industrie laitière, et cette industrie comprend nécessairement l'aménagement des prairies et des pâturages, l'élevage des bestiaux, le commerce du lait et la fabrication du beurre et du fromage. C'est, au fond, le caractère spécial de l'agriculture dans les quatre provinces du bas Canada. La province d'Ontario prit l'initiative dans ce genre d'exploitation, comme d'ailleurs dans tous les progrès agricoles. D'après le recensement de 1871, il y avait dans la province de Québec 25 établissements fromagers, dont les produits étaient estimés à environ 239.610 livres de fromage. En 1880, la province de Québec exportait 26.770.182 livres de fromage (documents de la session 1881-1882). Les documents officiels constatent qu'en 1881 la province possédait 200 fromageries et 40 beurreries. Les prix remportés au centenaire de Philadelphie et à l'Exposition de New-York, en 1878 et 1879, prouvent que le Canada peut avantageusement lutter avec tous les pays du monde. Un pareil progrès ne s'est pas accompli par des initiatives isolées, mais bien par des associations formées entre cultivateurs d'une même localité.

Désirant favoriser un tel mouvement, le gouvernement a envoyé en Europe et aux États-Unis des missions dont les rapports intéressants devaient imprimer une direction nouvelle à l'industrie laitière de la province. Tous ces rapports reconnaissaient que les fabriques de beurre récemment établies dans le Canada étaient principalement dirigées par des Américains, que le beurre était mal fait, et qu'il était absolument indispensable de créer des écoles de laiterie, en suivant les procédés scientifiques du Danemark, de la Hollande, de la France et de l'Angleterre.

La qualité moyenne du fromage d'Ontario est supérieure à celle de Québec, et cette supériorité tient à ce que les fromagers d'Ontario ont employé résolument des procédés scientifiques. On parait croire au Canada que l'avenir de l'industrie laitière est dans le beurre plutôt que dans les fromages. De toute façon, le cultivateur canadien doit tendre à la production économique du lait. Or, la production économique du lait dépend de l'amélioration des vaches laitières.

La province de Québec a pris sa part dans le mouvement qui a porté les cultivateurs canadiens à améliorer leur bétail par l'introduction des animaux de pur sang : des Anglais ont commencé par faire venir des Durhams, Herefords, Angus, Ayrshires, Galloways, Jerseys, Guerneseys et Holsteins : ces animaux pur sang étrangers appartiennent en grande partie à des propriétaires assez riches pour spéculer sur la valeur plus ou moins réelle de leurs animaux. Il est vrai que des reproducteurs pur sang ont été croisés avec du bétail canadien : mais ces croisements ont été pratiqués sans règle, au hasard, de telle sorte qu'un animal a du sang de trois ou quatre races : Durham, Ayrshire, Jersey, Canadienne. Ce n'est pas ainsi qu'on peut améliorer des races.

Une réaction s'est produite en faveur du bétail canadien, dont le nombre s'élève, dit-on, à 20.000 têtes dans la province de Québec. Ce bétail canadien pur sang se rencontre dans les districts de Québec, des Trois-Rivières, de Montréal, et au bas du fleuve Saint-Laurent.

Nous en trouvons la preuve dans la circulaire que viennent de rédiger les membres du comité chargés d'organiser l'exposition provinciale de Québec, le 5 septembre 1887. Cette circulaire, sans contester l'importance des services rendus par les importations de chevaux et de bétail d'Europe, seconde le mouvement qui tend à organiser l'amélioration des races canadiennes. « L'étalon canadien, ce modèle de courage et de force, a presque disparu, et la vache canadienne, dit la circulaire, si peu exigeante pour la nourriture et si généreuse de son lait, est devenue rare. » Ajoutez à ces faits le concours du gouvernement qui a ouvert un livre de généalogie où sont inscrits gratuitement les animaux de race bovine purement canadienne, et vous serez en présence du système de Québec, qui poursuit le progrès par la rénovation et la consolidation des races nationales, et le système de l'Ontario qui tend à reproduire vivement pour exporter vivement les races célèbres de l'Europe.

On a délaissé beaucoup trop, au Canada, la vache canadienne. C'est l'opinion du ministre de l'agriculture à Québec. Les Américains prisent cette vache beaucoup plus que les Canadiens eux-mêmes. Les Américains, tous les printemps, en enlèvent des centaines à prix réduit, tandis que les éleveurs canadiens font venir d'Europe des reproducteurs de race Durham, qu'ils paient fort cher. La petite vache canadienne tient des races Jersey et Normande : elle possède de bonnes qualités laitières, et l'on cherche sérieusement à relever les qualités de cette race nationale par une nourriture abondante et choisie, par une sélection judicieuse et l'acquisition de reproducteurs Jersey ou Normands.

C'est donc vers la production du lait et non de la viande que le bas Canada doit porter tous ses efforts. Les immenses territoires situés au pied des Montagnes-Rocheuses peuvent produire des milliers de têtes de bétail à un prix nominal. Les troupeaux qui paissent dans les ranches sont l'objet d'un travail suivi qui les transforme en animaux de boucherie. Comme on sait, quelques cavaliers dirigent ces immenses troupeaux d'un lieu à un autre, jusqu'à ce qu'enfin l'animal arrive demi-gras au premier poste de chemin de fer. De là, on le transporte aux États-Unis dans les centres où le maïs abonde, et, après quelques mois d'engraissement, l'animal arrive au marché de New-York ou même à Montréal. Il est donc impossible que le bas

Canada puisse lutter, au point de vue de la production économique de la viande, avec les territoires du Nord-Ouest, où la vie de l'animal ne coûte rien ou à peu près. Un homme fort distingué, M. Barnard, directeur au ministère de l'agriculture dans la province de Québec, a compris parfaitement les conditions économiques des diverses parties du Canada, et il dirige avec autant de fermeté que de persévérance le développement de l'industrie laitière. « Nous possédons, disait-il en 1880, les troupeaux, les pâturages, les prairies, les nourritures d'hiver, le capital d'exploitation. Ce qui nous manque, c'est uniquement le savoir et la direction. Ce qu'il faut, c'est former des fabricants de beurre et de fromage canadiens. »

Pour être juste, et pour montrer à quel point le Canada se tient au courant des éléments de progrès que la science fait naître tous les jours en Europe, il convient de citer les efforts qui ont été faits jusqu'à présent, sans grand succès, pour introduire la culture de la betterave et l'industrie des fabricants de sucre ; mais chaque territoire contient en lui-même les éléments de sa fécondité. Dans les pays neufs, la principale question, au point de vue de l'agriculture, est de reconnaître la qualité du sol, les conditions du climat, et de laisser la nature seconder le travail de l'homme. Si la fortune du bas Canada paraît s'établir dans l'industrie laitière, on peut affirmer aussi qu'elle grandira par l'industrie fruitière, dont nous parlerons tout à l'heure à propos de la province d'Ontario.

Personne ne s'étonnera que le Canada ait attendu ces derniers temps pour organiser régulièrement et légalement le travail d'une colonisation générale; mais ce qui peut surprendre, c'est que, même dans la plus vieille province, dans la province de Québec, certaines parties soient pour ainsi dire inconnues, et quelques-unes, des plus riches et des plus fertiles, à peine découvertes : telle est l'histoire de la vallée du Saguenay et des abords du lac Saint-Jean. C'est en 1854 qu'on pénétra dans cette vallée pour en exploiter les richesses forestières; des colons, non autorisés, s'établirent çà et là, au hasard. Une maison de Québec fournit des vêtements et des provisions aux premiers habitants et établit des fermes à l'embouchure du Saguenay et du Saint-Laurent ; plus tard, elle remonta le cours du Saguenay, et c'est autour de son comptoir que se fonda la ville de Chicoutimy; enfin, en 1879, une société de colonisation s'organisa pour exploiter les alentours du lac Saint-Jean, et la Compagnie des remorqueurs de Québec noua par le Saint-Laurent des relations régulières et fréquentes entre cette ville et les exploitations rurales de la vallée du Saguenay. Aujourd'hui, ces explorateurs fournissent à la ville de Québec chevaux, vaches, bœufs, moutons et porcs. Voici un exemple éclatant des progrès imprévus et des ressources incalculables que le temps seul fera sortir des territoires encore inexplorés de la Puissance du Canada.

A côté des terres exploitées déjà depuis longtemps par les Canadiens de Québec, se place tous les jours, par un travail perpétuel, la série des terres récemment défrichées par les pionniers du Canada. La vieille province de Québec, occupée depuis longtemps, est en plein travail de colonisation. L'œuvre de la colonisation agricole s'accomplit par le défrichement des forêts, et ce qui se passe dans la province de Québec se passe également dans les provinces d'Ontario, du Nouveau-Brunswick et de la Nouvelle-Écosse, dont les conditions agricoles et forestières sont sensiblement les mêmes. La prise de possession, la mise en culture d'un sol inexploré est une affaire de haute importance et qui demande la plus extrême énergie. Les colons qui arrivent de l'étranger ne pourraient l'entreprendre et la mener à bon terme. Heureusement, il existe au Canada une classe spéciale de vaillants travailleurs, nommés des squatters, des pionniers, faisant métier d'abattre les bois, de défricher pour exploiter les bois coupés et les premières récoltes; puis, ces opérations faites, ils vendent la terre, pour aller féconder d'autres sols par un nouveau labeur et une nouvelle mise de fonds. Quelques années se passent, le lot défriché par le pionnier est devenu la propriété d'un immigrant étranger ou d'un cultivateur hardi, qui a délaissé la terre des vieilles paroisses, morcelée à l'extrême par la division des héritages ou épuisée par la culture sans engrais. La cabane provisoire du pionnier a été remplacée par un logis confortable, où le propriétaire achève en paix l'œuvre du progrès agricole.

Il est évident qu'une pareille transformation ne peut s'accomplir seulement par des efforts isolés, et les progrès faits par la colonisation ont été bien souvent l'œuvre d'associations, de sociétés régulièrement constituées, ayant une organisation et des capitaux, et soutenues par la législation. Une des plus connues, et que nous citerons comme exemple, est la *Glascow and Canadian land and trust Company*. Cette Compagnie, dont le siège est à Glascow, construit des maisons, défriche des terres, et les vend ensuite à des colons qu'elle fait venir d'Écosse. Ainsi s'est fondée la colonie écossaise de Scotston. La seule province de Québec avait enregistré, il y a quelques années, la naissance de 80 Sociétés de colonisation régulièrement constituées; 40 à peu près continuaient activement leurs opérations. C'est par des associations de ce genre qu'ont été établies avec succès les colonies agricoles de Montréal, de Bagot, de Portneuf et de Temiscouata. Il ne faut donc pas croire que ce travail de colonisation agricole se poursuive dans des conditions faciles. Le labeur de l'administration canadienne est perpétuel et considérable, et bien des causes s'opposent à un succès rapide. Prenons un exemple. Les concessions faites sur les domaines de la Couronne sont parfois abandonnées, et un assez grand nombre de terres sont possédées légalement par des absents, qui ont été forcés de renoncer, pour une raison ou pour une autre, aux projets d'exploitation qu'ils avaient conçus. Ne vaudrait-il pas mieux les exproprier pour cause d'utilité publique que de laisser inoccupés des lots de terre concédés ? Souvent aussi les agences d'émigration expédient d'Europe au Canada des hommes déclassés, des employés de commerce ou de bureau, des artisans, plus souvent que de véritables ouvriers capables de manier la pioche et de conduire la charrue. On a dit, avec raison, que les capitaux manquaient aux cultivateurs canadiens; mais on peut dire, encore avec plus de raison, que les ouvriers agricoles et de véritables cultivateurs manquent au Canada.

Depuis longtemps, le Canada souffrait du taux élevé et des intérêts que les propriétaires, les cultivateurs besogneux étaient obligés de payer. A diverses reprises, on avait essayé de porter remède à cette plaie de l'usure, mais sans succès. Un emprunt de 22 millions de francs, négocié en 1880 sur la place de Paris pour la province de Québec, a donné naissance à une institution qui aura pour effet d'amener sans secousse la libération de la propriété foncière et de venir au secours du domaine agricole. Je veux parler du Crédit foncier franco-canadien, qui a été fondé en vertu d'une loi du Parlement de Québec, sanctionnée le 24 juillet 1880, et étendue, en 1882, aux provinces d'Ontario, de la Nouvelle-Écosse, du Nouveau-Brunswick, de l'île du Prince-Édouard.

Le taux que le Crédit foncier franco-canadien peut exiger de ses emprunteurs ne peut excéder 8 pour 100 comprenant l'intérêt, l'amortissement et les frais d'administration.

Aux termes des statuts, la Société fait des prêts sous deux formes : 1° des prêts à long terme (10 ans au moins et 50 ans au plus), remboursables par amortissements annuels progressifs ; 2° des prêts à court terme, remboursables, avec ou sans amortissements, dans un délai de moins de 10 années.

La Société ne prête que sur hypothèque, et sans que le montant de ses prêts puisse dépasser la moitié de la valeur attribuée à l'immeuble hypothéqué. L'annuité au service de laquelle l'emprunteur s'engage ne peut être supérieure au revenu normal de la propriété.

Au 31 décembre 1885, le Crédit foncier franco-canadien avait prêté 10.200.000 francs, qui se répartissent ainsi :

| | Francs. |
|---|---|
| Division de Montréal | 5.570.000 |
| — Québec | 2.620.000 |
| — Ontario | 865.000 |
| — Ile du Prince-Édouard | 640.000 |
| — Manitoba | 600.000 |

Le total des prêts a suivi la progression suivante :

| ANNÉES. | MONTANT DES PRÊTS RÉALISÉS. | MONTANT DES REMBOURSEMENTS. | RESTE. |
|---|---|---|---|
| | Francs. | Francs. | Francs. |
| 1881..... | 5.310.000 | » | 5.310.000 |
| 1882..... | 6.010.000 | 160.000 | 5.850.000 |
| 1883..... | 5.995.000 | 225.000 | 5.770.000 |
| 1884..... | 7.515.000 | 548.000 | 6.967.000 |
| 1885..... | 10.730.000 | 560.000 | 10.170.000 |

Les emprunteurs, habitués maintenant au système du remboursement par annuités, effectuent, avec une régularité qui mérite d'être signalée, le paiement des sommes dues par eux ; si bien que sur une somme de 1.950.000 francs mise en recouvrement pour les neuf premiers semestres, il ne restait en retard, au 31 juillet dernier, que 7.000 francs environ, soit 3/8 pour 100. Depuis son origine, le Crédit foncier a procédé à quelques mesures d'exécution. Il est ainsi devenu acquéreur de deux propriétés qui représentent ensemble 5.359 livres sterling, c'est-à-dire moins de 1/4 pour 100 du capital prêté.

Il était digne de la France de venir établir dans la province française de Québec une institution de premier ordre, tout à fait digne de la reconnaissance et de l'appui de la Confédération du Canada.

## VI. — LES PROVINCES MARITIMES.

### I. — L'ILE DU PRINCE-ÉDOUARD.

Revenons sur nos pas, et, après avoir parcouru la province de Québec et la partie gauche du Saint-Laurent, prenons le chemin de fer *Intercolonial* qui, descendant la droite du Saint-Laurent, nous conduira dans les trois provinces maritimes qu'il a fait entrer politiquement dans la Confédération du Dominion.

Au dix-septième siècle, le Nouveau-Brunswick formait avec la Nouvelle-Écosse, l'île du Prince-Édouard, Terre-Neuve, et une grande partie de l'État du Maine, l'ancienne Acadie. Quand les Anglais en firent la conquête, tout ce pays fut appelé la Nouvelle-Écosse et plus tard divisé en provinces, sous les noms que ces provinces portent aujourd'hui.

Des côtes du Nouveau-Brunswick, on aperçoit l'île du Prince-Édouard. C'est la petite province du Dominion. Elle tient dans le golfe du Saint-Laurent, à l'égard du Canada, la place que tient l'île de Wight dans la Manche à l'égard de l'Angleterre. Elle compte 100.000 habitants à peine, et ses principales industries sont la construction des navires et la pêche, surtout la pêche des maquereaux. Cela ne veut pas dire que l'industrie agricole y soit dédaignée. Elle ne possède pas une administration pour le service des émigrations, car l'agriculture y est presque entièrement exercée par les propriétaires. Cette île est renommée pour ses avoines, surtout pour ses pommes de terre. Les pommes de terre sont l'objet d'un énorme commerce, qui s'étend jusqu'aux États-Unis et particulièrement jusqu'au port de Boston. On évalue la production de cette île à 3 et 4 millions de boisseaux. Les terres de cette île recoivent un engrais marin d'un caractère particulier. Cet engrais se compose de boues coquillières qu'on trouve dans les cours d'eau de cette île, ou plutôt à leur embouchure. Ces boues renferment des coquilles d'huitres, de moules, des débris de poissons et d'algues marines. On les recueille au moyen de dragues mises en mouvement par des locomobiles à vapeur installées au-dessus des dépôts, qui ont une épaisseur de 10 à 30 pieds. Appliquées aux herbages ou aux cultures fourragères, ces boues agissent rapidement et très heureusement.

## II. — LE NOUVEAU-BRUNSWICK.

La seconde province maritime, le Nouveau-Brunswick, forme une région d'une grande étendue, 27.000 milles carrés, avec un développement de côtes qui n'a pas moins de 600 kilomètres. C'est à peu près l'étendue de la Belgique et la Hollande réunies.

Plusieurs millions d'acres pourraient être cultivés avec profit : 5 millions d'habitants pourraient y vivre à l'aise, et 300.000 à peine l'occupent et l'exploitent. Aucune province n'est plus libérale aux colons et aux pionniers, et peut-être les colons y trouveraient-ils autant de succès que dans la région de l'Ouest.

Elle est encore habitée par les descendants des courageux Loyalistes de l'Empire-Uni, de ces champions vaincus d'une cause perdue, et sa population est certainement une des plus vigoureuses parmi les populations du Canada. Nulle province, au fond, n'est plus yankee, plus américaine ; et grâce à ses relations avec le Maine, elle se distingue très nettement de la province française de Québec.

Cependant, malgré ses avantages naturels, sa belle situation maritime, ses magnifiques cours d'eau, son excellent système de chemins de fer, son sol fertile, son climat salubre, l'agriculture de cette province n'est pas aussi avancée qu'elle devrait l'être.

Cette province possède un Conseil d'agriculture qui a pour mission, comme dans toutes les provinces du Canada, de surveiller et de faire travailler les Sociétés d'agriculture. Ce Conseil se compose d'un délégué par comté (il y a cinquante comtés), d'un secrétaire et d'un président, choisis parmi les membres du gouvernement. Son siège est à Frederickton, capitale de la province. Si l'agriculture proprement dite n'est pas vigoureusement poussée vers le progrès par le développement de la colonisation, il ne faut en rendre responsable ni le gouvernement ni le parlement.

La construction des chemins de fer, en faisant entrer dans la circulation et dans les affaires les territoires immenses et si variés du Manitoba et du Nord-Ouest, a créé une concurrence considérable à ces terrains boisés du littoral canadien, dont le défrichement demande à la fois plus d'efforts et de capitaux : toutefois, si le colon qui veut créer une exploitation rurale dans le Nouveau-Brunswick trouve plus de difficultés à vaincre que dans le Manitoba, il trouve aussi, pour mener son entreprise à bonne fin, des avantages qui ne sont pas à dédaigner.

S'il a le courage d'abattre les bois qui couvrent sa concession, il possédera, par compensation, des matériaux indispensables à ses constructions, au barrage de ses champs, aux enclos de ses terres ; il possédera du combustible, ce qui manque au colon de la *Prairie*. Le plus souvent même, le défrichement donne une telle abondance de bois, qu'il en reste un excédent, que l'on trouve facilement à écouler à bon prix dans les villes voisines, et dont la vente rembourse une partie, parfois notable, des premiers frais. En second lieu, la terre, après avoir produit pendant quelques années des récoltes avantageuses, demande à être remboursée de ses avances, c'est-à-dire à être fumée ; mais la nature a placé ici le remède à côté du mal, et le colon trouve sous sa main des engrais capables de restituer à la terre les éléments de fertilité que lui ont enlevé les premières récoltes. En outre, les provinces de l'Est-Canada, si l'on tient compte du prix actuel des denrées, auront un avantage marqué sur les provinces de l'Ouest-Canada, notamment sur le Manitoba, à cause de leur situation plus rapprochée des marchés d'approvisionnement. Il ne faut pas oublier que les propriétaires d'exploitations rurales, dans le Manitoba, ont souvent 40, 50 et 60 kilomètres à franchir pour conduire leurs produits à la gare la plus proche.

Arrêtons-nous un moment sur la question des pommes et sur la question du bétail.

La culture de la pomme réussit admirablement dans la vallée de Saint-Jean. L'Angleterre importe annuellement 4 à 5 millions de barils de pommes ; Londres, 1 million et demi à lui seul. Bien que cette énorme consommation ait stimulé les producteurs partout, en Amérique particulièrement, les prix se sont toujours élevés. En 1857, à Halifax, on considérait que le baril de pommes était bien vendu à 1 dollar et demi (7 fr. 50). En 1884, on le payait 4 dollars (20 fr. pris à la ferme, et même, dans quelques cas, jusqu'à 43 et 47 francs pour les qualités tout à fait supérieures.

Le bétail offre également un bel avenir aux cultivateurs; mais les avis sont partagés sur la meilleure manière d'améliorer le bétail : les uns croient, absolument comme à Québec que le mieux est d'améliorer la race du pays : les autres, au contraire, prônent l'importation de reproducteurs choisis parmi les meilleures races de l'Europe.

Au nombre des reproducteurs préférés, se trouvent :

1° Les courtes-cornes (Durham) et les Ayrshires. Ce sont les plus estimés, et leur sang est déjà fortement infusé dans toutes les provinces du bas Canada, où l'alimentation est facile et succulente ;

2° Les Angus désarmés et les Aberdeens, recherchés surtout par ceux qui veulent produire de la viande de boucherie ;

3° Les Herefords, déjà nombreux dans le Maine, État de l'Union américaine qui touche au Canada. Ces animaux tendent à se répandre dans le New-Brunswick ; on les estime pour la régularité de leurs formes et l'égalité de leur taille, leur puissance musculaire, leur rusticité, leur sobriété et l'excellence de leur viande ;

4° Les Holsteins, dont l'introduction commence à peine, et dont les qualités laitières sont trop connues pour qu'il soit besoin d'insister. Je remarquerai, toutefois, qu'au Canada, on donne le nom de Holsteins à des animaux originaires du Nord-Hollande et de la Frise occidentale, dont les races sont sans doute excellentes laitières, mais chez lesquelles le lait n'a pas autant de qualité beurrière que celui des vrais Holsteins. Ces prétendus ou pseudo-Holsteins sont, en Hollande, l'objet d'un commerce d'exportation extrêmement actif. A Amsterdam, par exemple, il existe une maison d'exportation pour l'espèce bovine du pays comme il serait désirable d'en posséder une au Havre ou à Dunkerque pour nos races bretonnes et normandes.

Cette maison d'Amsterdam (Prins et Iwanenburg) vend des animaux de Frise et du Holstein aux conditions suivantes :

| | |
|---|---|
| Génisses de 1 à 2 ans........... | 400 à 500 francs. |
| Vaches de 2 à 4 ans............ | 875 à 1.000 francs. |
| Taureaux de 1 an et au-dessus.. | 625 francs et au-dessus suivant qualité. |

Ces prix sont payés sur place, c'est-à-dire au port d'embarquement. Il faut ajouter les frais de transport d'Amsterdam à Halifax ou à Québec, frais qui comprennent la nourriture pour vingt jours, l'embarquement, les certificats du vétérinaire et de l'éleveur, les documents du consulat et des douanes. On les estime à environ 160 francs par tête d'animal d'un an; à 190 francs par vache. Enfin, il y a bien encore à débourser de 125 à 150 francs pour les frais du surveillant qui conduit un lot de 25 têtes.

Les affaires de cette seule maison ont pris une telle importance, que, dans le courant de l'année 1884, 3.000 bêtes bovines ont été achetées et expédiées d'Amsterdam aux États-Unis et au Canada, soit chaque semaine, par voie de Londres à Boston, soit, tous les quinze jours, par voie de Londres à Halifax et à Québec.

Il ne faut pas oublier que la province du Nouveau-Brunswick, comme d'ailleurs le Canada tout entier, ne peut s'adresser qu'à l'Europe pour l'importation des reproducteurs destinés à améliorer la race indigène. Elle aurait tout avantage à chercher ces reproducteurs aux États-Unis, où les races que nous venons de citer existent à l'état de pureté parfaite, et qui ont d'ailleurs cet avantage d'être acclimatées et de n'avoir pas à subir les fatigues ou les hasards du voyage. Cependant le Canada sent très bien qu'en renonçant aux ressources que lui procurerait son voisinage avec les États-Unis, il conserve la clientèle de la métropole, qui est son meilleur débouché pour ses animaux de boucherie et pour ses viandes abattues. L'Angleterre se montre très difficile sur le lieu d'origine des animaux vivants qu'elle introduit sur son territoire, et, sous prétexte de maladies contagieuses ou de législation imparfaite, elle proscrit impitoyablement tout animal qui provient des pays qu'elle ne veut pas favoriser.

## III. — LA NOUVELLE-ÉCOSSE.

La Nouvelle-Écosse est la troisième province maritime du Canada. Elle forme, avec l'île du Prince-Édouard et le Nouveau-Brunswick, une seule et même province au point de vue du sol, du climat, des industries naturelles, des mœurs des habitants et de toutes les conditions de l'économie rurale. Placée tout entière sur le littoral de l'Océan, et par conséquent la plus rapprochée de l'Europe et surtout de l'Angleterre, desservie par le port d'Halifax, auquel vient aboutir le chemin de fer Intercolonial, la Nouvelle-Écosse s'avance dans l'Océan comme l'avant-garde du Canada. Il est regrettable peut-être qu'on ne s'y arrête pas : mais à peine débarqué à Halifax, on court à Québec, à Montréal, à Toronto, à Ottawa et déjà à Winnipeg.

La Nouvelle-Écosse, c'est la contrée merveilleuse par excellence, dit le marquis de Lorne, l'ancien gouverneur du Dominion; c'est le beau pays d'Acadie. Ce nom d'Acadie réveille dans la mémoire l'histoire de la famille Acadienne qui, à travers les douleurs de la proscription, est restée Française, catholique et Acadienne. N'est-ce pas dans les environs de Windsor, dans un espace de trente lieues, que ce petit peuple a vécu obscurément pendant un long espace de temps, s'illustrant par des travaux de desséchement et de culture, qui lui attirèrent l'admiration des Anglais, leurs maîtres et leurs persécuteurs? En 1763, les Acadiens étaient 4.000; aujourd'hui ils sont 100.000, dispersés, il est vrai, dans les trois provinces maritimes. La plupart, cantonnés sur les côtes, se livrent à la pêche. En ce moment, on voit des cultivateurs quitter la Nouvelle-Écosse pour aller chercher fortune dans les régions inconnues du Manitoba. Pourquoi les Acadiens ne quitteraient-ils pas peu à peu les rivages de la mer et l'industrie de la pêche dans laquelle ils sont exploités par les Anglais, et ne viendraient-ils pas, dans l'intérieur des terres, reprendre, par l'agriculture, la souveraine conduite de leurs destinées? C'est le vœu que forment les Français qui les suivent et les aiment de l'autre côté de l'Océan.

Le climat de la Nouvelle-Écosse est plus doux qu'aucun autre climat du Canada. Cette température dépend du rivage de la mer qui baigne toutes les côtes et pénètre jusqu'à 30 kilomètres dans les terres. Les principales ressources du pays sont les pêcheries, les mines et les forêts. L'aspect général du pays est boisé et montagneux. On trouve dans la Nouvelle-Écosse de vastes plaines; mais, comme nous venons de le dire à propos des Acadiens, l'esprit des habitants est tourné vers l'industrie de la pêche et le commerce des bois, et non pas vers les travaux de l'agriculture. Cette province possède notamment, dans la partie occidentale surtout, un sol de formation silurienne et carbonifère qui se désagrège facilement et constitue des terres d'une grande fertilité. Ailleurs, le long de la baie de Fundy, autour du bassin de Minas, des alluvions marines, protégées par des digues contre les marées, ont été converties en vastes herbages.

La province n'a pas de ministère d'agriculture, mais un Conseil supérieur, auquel les autorités permanentes délèguent toutes les matières touchant l'agriculture. Dans le rapport du secrétaire d'agriculture pour l'année 1885, on peut lire les rapports de tous les comités d'agriculture qui relèvent du Conseil supérieur. On voit qu'une École d'agriculture a été jointe à l'École normale de cette province, qu'un laboratoire a été annexé à l'École, et qu'on a ouvert des cours de chimie, de botanique, de zoologie et d'agriculture. On voit encore que des registres généalogiques des races importées dans la Nouvelle-Écosse commencent à être réguliers, et, parmi ces races, nous remarquons : les Jerseys, les Ayrshires, Polled-angus, courtes-cornes, Devons, Guerneseys, etc., etc. Mais si nous en croyons la déposition du major général Laurie d'Halifax dans l'enquête agricole ouverte par le gouvernement fédéral, les cultivateurs de la Nouvelle-Écosse sont très inférieurs aux cultivateurs d'Ontario et de Québec. Ils n'ont aucune idée des diverses méthodes de culture et de la qualité de leurs terres. Mettez en dehors les producteurs de fruits et les propriétaires de vergers, la grande majorité des cultivateurs vit au jour le jour, cherchant à gagner sa subsistance, et n'ayant aucun projet d'avenir.

Une certaine agitation, provoquée par quelques mécontents, s'était produite dans la Nouvelle-Écosse contre les Sociétés d'agriculture ; on contestait leur utilité, on prétendait que leur rôle était fini, et que le moment était venu de les remplacer par quelque organisation plus efficace. Cette agitation est aujourd'hui éteinte, car elle n'a pas trouvé à pénétrer dans les rangs des cultivateurs, qui, tout au contraire, tendent à se grouper autour des Sociétés anciennes ou à former des Sociétés nouvelles. La vitalité de l'institution, qui est pour ainsi dire nationale, est prouvée par le nombre des Sociétés, qui de 88, avec 4.910 membres en 1883, se sont élevées à 92 avec 5.064 membres en 1884. L'organisation des forces agricoles est la même dans tout le Canada.

De même que le Nouveau-Brunswick, la Nouvelle-Écosse se préoccupe de l'avilissement du prix des céréales, et on attribue cette baisse inquiétante à la concurrence des contrées du Nord-Ouest; aussi a-t-on pris la résolution de tourner tous les efforts vers d'autres sources de bénéfices.

L'industrie laitière d'abord : une Association de laitiers vient de s'organiser en vue de produire des beurres de haute qualité, capables de commander des prix élevés sur le marché international.

Le bétail ensuite : car le territoire de la Nouvelle-Écosse peut en produire dans des proportions illimitées pour ainsi dire. Déjà quelques éleveurs entreprenants ont commencé à embarquer des animaux pour l'Europe.

Il ne faut pas oublier que l'économie dans le transport du bétail et les chances moindres de perte semblent constituer, au profit des éleveurs de la Nouvelle-Écosse, sur les éleveurs du Nord-Ouest, un bénéfice qui n'est pas moindre de 75 francs par tête de bétail transportée en Angleterre.

Avec d'autres herbages et un climat très doux, avec la proximité de la mer, avec des ports d'embarquement que les glaces ne bloquent jamais et que l'on peut rejoindre en deux journées au plus, l'industrie du bétail devrait prendre le premier rang.

Vient ensuite la production fruitière, dont les premiers résultats sont des plus encourageants. Suivant le rapport du major général Laurie, président du Bureau central d'agriculture, les pommes de la Nouvelle-Écosse ont conquis une place d'honneur sur les marchés de Londres et y sont très recherchées.

Favorisée non moins que l'industrie du bétail par les conditions naturelles du sol et du climat, la culture fruitière est en voie de prendre parallèlement des développements considérables. Il n'y a pas trente ans, la province de la Nouvelle-Écosse importait les pommes qu'elle consommait ; aujourd'hui, elle en exporte annuellement en Europe 500.000 barils, d'une contenance de 109 litres, vendus sur le marché anglais à raison de 25 à 30 francs le baril.

Les meilleures pommes sont tirées de la vallée d'Annapolis, l'une des plus belles régions à pommes du monde entier, à sol fertile et admirablement abrité. Dans un verger de 2 hectares et demi, M. Fream a constaté une récolte de 1.000 barils de pommes, évalués au prix de vente de 12.500 francs, ce qui donne par hectare un produit brut de 5.000 francs ! résultat qui pourrait rencontrer des incrédules, s'il n'était garanti par le témoignage de M. Fream.

Les frais sont évalués comme suit :

Cueillette et emballage, 50 centimes par baril ; une personne peut préparer ainsi 10 barils par journée ordinaire.

Prix du baril vide : 1 franc à 1 fr. 25.

Les jeunes pommiers, prêts à être transplantés, coûtent de 1 fr. 55 à 2 fr. 05. On ne plante pas plus de 100 pommiers par hectare, opération qui revient, tout compris, de 312 à 375 francs par hectare.

Le salaire des journaliers est de 31 fr. 25 à 40 francs par semaine pendant la saison active ; de 18 fr. 75 à 21 fr. 25 en hiver. La nourriture est moins chère qu'en Angleterre.

## VII. — LA PROVINCE D'ONTARIO.

Au lieu de reprendre la route de Québec par le chemin intercolonial, embarquons-nous, si vous voulez bien, par le port d'Halifax, nous aborderons à Portland où nous trouverons le chemin de fer dit : le Grand Trunk, qui nous ramènera à Québec, et de Québec dans la province d'Ontario.

La province d'Ontario est la plus belle, la plus riche du Dominion du Canada. La province de Québec est la province du fleuve Saint-Laurent. La province d'Ontario est la province des grands lacs. Son vaste territoire, compris entre les provinces de Québec à l'est, le Manitoba et les territoires du Nord-Ouest à l'ouest, la baie d'Hudson au nord, et enfin la chaîne des grands lacs au sud, surpasse d'un tiers l'étendue des îles Britanniques. Elle était autrefois presque entièrement couverte de forêts; mais les forêts ne se rencontrent plus aujourd'hui que dans la région du nord, et toute la partie comprise entre le lac Ontario, le lac Érié, au sud-est, et le lac Supérieur, à l'ouest, est livrée à la culture et offre le spectacle d'une prospérité qui a fait justement appeler cette partie de la province le jardin du Dominion. De même que la province de Québec compte deux grandes villes, Québec et Montréal, la province d'Ontario possède Toronto, qui est la capitale de la province et qui contient 102.000 habitants, et Ottawa, qui est la capitale administrative de la province du Dominion et le Washington du Canada.

La population de la province d'Ontario s'élève à environ 2 millions d'habitants. La race anglaise, irlandaise et écossaise comprend les deux tiers de la population. Viennent ensuite les Allemands, et en troisième ordre seulement les Français. D'après un recensement de 1881, on comptait dans l'Ontario 300.000 hommes adonnés à l'agriculture, 130.000 aux travaux de l'industrie, et 44.000 seulement au commerce.

La plus grande partie de la population habite la partie sud et la partie est de la province, les bords de la rivière Ottawa, les lacs et la péninsule, entre le lac Michigan et le lac Huron. La région située au nord du lac Supérieur et du lac Huron est encore inhabitée.

Le climat d'Ontario est très varié, et on peut dire, sans crainte, qu'on y trouve réunies presque toutes les températures de l'Europe, depuis l'Espagne et l'Italie, par exemple, jusqu'à l'Angleterre. Rien ne prouve mieux l'excellence du climat d'Ontario que la variété de ses produits et l'excellence de ses fruits.

Un écrivain distingué des États-Unis, M. David A. Wells, décrit ainsi le climat d'une partie du Canada, dans la *North American Review* de septembre 1877 :

« La partie Nord des lacs Érié et Ontario et du fleuve Saint-Laurent, la partie Est du lac Huron, et tous les contours des grands lacs, forment l'un des plus magnifiques pays qui existent dans le continent de l'Amérique du Nord; ces régions occupent comme étendue une superficie presque égale à celle des États de New-York, de Pensylvanie et d'Ohio réunis, et une superficie égale à ces États au point de vue de la capacité agricole. Le mouton à laine est l'habitant naturel de ces contrées, et sans lui les grands intérêts manufacturiers du pays ne pourraient prospérer, ou plutôt ne sauraient exister. C'est aussi dans ce pays que croît la plus belle orge, que la brasserie des États-Unis puisse recueillir, si elle veut jamais rivaliser avec les brasseurs de la Grande-Bretagne, dont l'exportation annuelle de malt s'élève actuellement à plus de 11.000.000 de dollars. Le climat est tel que le bétail, dont la race a dégénéré dans d'autres pays, reprend ses qualités natives dans cette province; l'homme lui-même trouve, dans les conditions climatériques créées par le voisinage des grands lacs, la force et la santé. »

La province d'Ontario mérite la plus grande partie de ces éloges; mais au point de vue agricole, il faut faire quelques réserves.

D'abord cette province ne paraît pas destinée à prendre rang parmi les grandes régions à céréales. Sous l'influence de conditions spécialement favorables, le rendement du blé peut s'élever jusqu'à 35 bushels par acre (31 hectol. par hectare), comme cela est arrivé sur les terres du collège agricole de Guelph. Dans des saisons exceptionnellement favorables, et avec l'aide d'engrais artificiels, ce rendement a même atteint 45 bushels par acre (40 hectol. par hectare); mais en somme le rendement moyen ne dépasse pas 20 bushels par acre (18 hectol. par hectare).

A mesure que la bonne culture se développe, cette moyenne grandira sans doute; mais il faudra toujours compter avec les variations de la température. Toute diminution dans la chute des neiges, laissant sans abri les blés d'automne, tout déboisement imprudent, tout hiver rigoureux accompagné de vents violents, exercera une influence néfaste sur la récolte du blé. La plante croît péniblement, le nombre des pieds s'éclaircit au printemps, et la récolte tombe au-dessous de la moyenne.

On a voulu éviter les inconvénients de la saison d'hiver, en semant du blé de printemps; le succès n'a pas répondu à cet effort, qui a paru cependant assez encourageant pour qu'on puisse continuer les expériences. De toute façon, M. Tanner, dans une conférence dont nous analysons les conclusions, ne croit pas que les anciennes provinces du Canada soient appelées à produire beaucoup de blé pour l'exportation, bien que, par des fumures plus abondantes et par des soins plus judicieux dans le choix des semences, la production puisse être notablement augmentée.

Le blé produit dans l'Ontario diffère beaucoup, par son caractère et sa qualité, des blés produits dans le Nord-Ouest, car ce blé donne une farine fine, riche en amidon, qui la rend très utile pour former des mélanges avec d'autres blés plus chargés de gluten.

La production de l'orge ne parait pas si difficile. Cette céréale peut rendre en moyenne 40 bushels par acre (36 hectol. par hectare); mais il sera prudent de ne compter que sur un rendement moyen de 30 bushels (27 hectol. par hectare).

L'orge étant plus sûre et moins délicate que le blé est, par cette raison, plus généralement cultivée. On cite des localités où cette culture obtient des succès extraordinaires, notamment des rendements de 90 bushels par an (81 hectol. à l'hectare); mais un rendement moyen de 35 bushels par an (31 hectol. par hectare) paraît devoir être considéré comme normal.

« Ici encore une sélection prudente des semences

amènerait des variations marquées dans les récoltes ; par elle nos provinces (c'est encore M. Tanner qui parle et qui conseille, pourront augmenter considérablement leur production.

« Les cultivateurs anglais ne négligeraient certainement pas ce moyen. Les nôtres entrent d'ailleurs dans cette voie, et les difficultés climatériques avec lesquelles le Canada doit compter les forcent à chercher et à lutter : ce qui leur donnera une grande expérience pratique. Sans doute, leurs modes d'opération manquent souvent de *fini*, et cela est assez naturel ; car les soins qui deviennent nécessaires dans des régions soumises depuis longtemps à la culture ne sont pas aussi indispensables dans un pays où la terre abonde et donne de bonnes récoltes avec un système grossier de culture. Mais l'habileté dans les procédés et le progrès dans les systèmes de culture ne perdent leur influence nulle part, même sur les pays où la nature se montre le plus généreuse. »

La culture du maïs est très répandue et donne des résultats avantageux. Mais ici encore le succès se mesure sur le choix de la semence et sur le succès de son acclimatation, succès que l'on obtient en cultivant pendant les meilleures variétés.

Le maïs, outre le grain, se cultive aussi comme fourrage. Cette dernière culture ne peut que s'étendre et devenir plus avantageuse, à mesure que se propagera la méthode très étudiée, mais encore peu répandue de l'ensilage. Elle fournira au bétail, plus aisément que les racines, des substances alimentaires à bon marché.

La culture des racines se pratique d'une manière satisfaisante. Outre les bénéfices immédiats qu'elle donne comme production fourragère, elle est l'indice d'une agriculture améliorante dont les effets se font sentir sur d'autres branches de l'économie rurale.

La statistique de 1884 présente ainsi qu'il suit l'étendue proportionnelle des différentes cultures :

| | ACRES. | | HECTARES. |
|---|---|---|---|
| Froment d'hiver et de printemps | 1.586.962 | = | 642.083 |
| Orge | 701.435 | = | 283.800 |
| Avoine | 1.485.620 | = | 601.401 |
| Seigle | 104.141 | = | 42.135 |
| Pois | 570.628 | = | 230.876 |
| Maïs | 174.835 | = | 70.737 |
| Sarrasin | 65.621 | = | 26.671 |
| Fèves | 24.877 | = | 10.065 |
| Foin | 2.193.369 | = | 887.437 |
| Pommes de terre | 168.862 | = | 68.321 |
| Betteraves | 18.314 | = | 7.409 |
| Carottes | 10.980 | = | 4.442 |
| Turneps | 104.108 | = | 42.152 |
| Pâturages | 2.794.966 | = | 1.130.851 |
| Total | 9.005.037 | = | 4.048.030 |

Si l'on compare la statistique agricole des États-Unis à celle du Canada, au seul point de vue des sept États de l'Union américaine où la production agricole est le plus développée, on trouve que l'Ontario occupe le premier rang comme pays producteur d'orge, de pois, de fèves, le troisième pour les avoines, le cinquième pour les seigles, le huitième pour le blé. La province d'Ontario produisait autrefois une plus grande quantité de blé ; mais depuis que le Manitoba s'est révélé, les cultivateurs tendent à imprimer à l'agriculture une autre direction.

Voici l'estimation moyenne des divers rendements en 1884 :

| | Hectolitres par hectare. |
|---|---|
| Froment d'hiver | 18,86 |
| Froment de printemps | 17,96 |
| Orge | 22,45 |
| Avoine | 32,32 |
| Seigle | 14,37 |
| Pois | 21,55 |
| Fèves | 19,75 |

La superficie totale des terres taxées par les lois municipales ou autres, dans la province d'Ontario, est de 21.775.000 acres, dont 20 millions sont indiqués comme occupés. Sur ces 20 millions, 10.800.000 acres sont défrichés, 8.800.000 en forêts, et environ 2 millions en marais ou terres non cultivables. On remarque que, depuis quatre ans, la culture des grains n'a pas augmenté en proportion directe des défrichements. On commence à donner la préférence, sur plusieurs points, à l'élève du bétail et aux produits de la laiterie. Dans une statistique de 1885, on estimait que l'Ontario possédait 559.000 chevaux, 1.980.000 têtes de bétail, dont 750.000 vaches laitières ; 1.750.000 moutons, et 822.000 porcs. Il y a, depuis quelques années, augmentation assez rapide dans le nombre des chevaux et du bétail, et diminution correspondante des moutons et des porcs.

Le drainage des terres se pratique activement. En 1882, les fabriques de tuyaux de drainage ont fourni un développement de tuyaux souterrains dont la longueur n'est pas estimée à moins de 5.000 kilomètres.

En 1884, le taux moyen du loyer, par hectare, était,

dans le comté de Muskoka (minimum), de 12 fr. 75; dans le comté de Durham (maximum), de 43 fr. 75.

Le salaire moyen des journaliers (main-d'œuvre) était par an et avec nourriture, de 835 francs, et sans nourriture, de 1.285 francs.

Dans une réunion de cultivateurs tenue à Belleville, le 13 mars 1884, les points défectueux de l'agriculture dans la province d'Ontario ont été sérieusement discutés. On a mis en pleine lumière la nécessité d'appliquer largement le système du drainage, la négligence apportée à la préparation et à l'usage du fumier de ferme, l'absence de tout emploi d'engrais commerciaux, la négligence apportée à l'extirpation des mauvaises herbes, la réduction des cultures de racines, cultures découragées par la rareté et la cherté de la main-d'œuvre, l'utilité d'améliorer le gros bétail et la race ovine par l'importation de reproducteurs de race pure, l'intérêt capital qui s'attache à l'étude de tous les procédés scientifiques relatifs à la fabrication du beurre et du fromage, comme au développement de la culture des fruits qui conviennent le mieux à l'exportation.

D'autre part, on ne peut citer avec assez d'éloges l'usage presque universel de la machinerie agricole. Lors des dernières expositions universelles de Philadelphie et de Paris, le Canada avait déjà étonné par l'importance et l'excellence de son exposition de machines agricoles. C'est la province d'Ontario qui attirait tous les regards par les qualités de ses charrues, de ses moissonneuses, de ses faucheuses, de ses hache-paille, et de tous les instruments de la culture la plus perfectionnée. Tous ces instruments sont aujourd'hui transportés et mis en usage dans le Manitoba et le Nord-Ouest. Le Canada ne le cède en rien aux États-Unis au point de vue des procédés de travail et de l'application des instruments et des machines.

La production des fruits est aussi soignée dans les exploitations du Canada que dans les fermes de l'Amér ique.

La culture fruitière commence à prendre les allures d'un grand commerce dans le sud de l'Ontario. Nous ne pouvons que répéter ici ce que nous avons dit à propos des pommes de Québec et de la Nouvelle-Écosse.

Aucune pomme américaine ne peut être comparée aux pommes du Canada, sous le rapport de la qualité. Par leur chair ferme, leur jus abondant, leur arome délicat, la roussette du Canada, la gravenstein de la Nouvelle-Écosse laissent loin derrière elles les variétés sèches et insipides de la plupart des pommes des États-Unis. Malheureusement, leur valeur marchande est dépréciée sur les marchés d'Angleterre, parce qu'on les confond avec les pommes américaines, dont le nom est particulièrement connu dans le commerce.

Malgré cette confusion, contre laquelle le commerce canadien travaille à réagir, ce sont les pommes qui gardent le premier rang dans les exportations des fruits frais du Canada. En 1869, la valeur de cette exportation atteignait à peine 125.000 francs ; douze ans plus tard, elle dépassait 2.500.000 francs.

Les fraises donnent lieu, en été, à un commerce énorme ; on les débarque par cargaisons complètes aux différents ports des lacs.

La culture du raisin prend une certaine extension et donne lieu, dans le comté d'Essex, à la fabrication du vin sur une assez grande échelle.. Il ne s'agissait que d'adapter au climat les variétés qui pouvaient lui convenir. Les étés étant très courts, on est forcé de cultiver les espèces hâtives : mais enfin on peut faire du vin. C'est un point acquis.

Le district du Niagara est particulièrement favorable à la culture des fruits. Il est environné par les grandes eaux du lac Ontario, du lac Érié, et la rivière du Niagara. Il est traversé par la rivière Chippewa, et par le canal de Welland. Partout il est desservi par des lignes de chemin de fer qui donnent au cultivateur et au propriétaire des facilités particulières pour transporter leurs produits dans toutes les parties du Dominion et des États-Unis. Le climat y est doux et chaud, et surtout très égal. La température n'y subit pas de brusques changements. Tout pousse à souhait sur cette terre admirablement fertile et toujours ensoleillée. Les moissons de grains, les beaux herbages, les arbres magnifiques se disputeraient l'admiration des voyageurs si elle n'était retenue par la variété et l'excellence des fruits de toute espèce. Ce ne sont pas seulement les pommes, les poires, les prunes, les cerises, mais le raisin, les figues, les melons et surtout les pêches. Les pêchers croissent en plein vent du mois de juillet au mois d'octobre. Il n'est pas rare de trouver des vergers qui contiennent 8 à 10.000 pêches. C'est un curieux spectacle que de voir avec quelles précautions hommes et femmes choisissent, cueillent et disposent immédiatement les pêches dans de petits paniers, qui sont ensuite placés avec précautions sur de petites charrettes, et conduites à la gare la plus voisine. La confection des paniers constitue une industrie locale des plus actives. Tout le district du lac Huron et en général les contours des grands lacs, rivalisent à cet égard avec le district du Niagara.

Le gouvernement et l'administration de l'agriculture sont établis sur les mêmes bases que le gouvernement de la province de Québec. Les Sociétés d'agriculture sont en honneur, et l'éducation y est aussi soignée qu'en aucune autre partie du Dominion.

Il n'est pas, dans le Canada, de province où la presse soit plus nombreuse et plus instructive. Les chiffres parlent d'eux-mêmes : dans l'Ontario, on compte 396 journaux ou revues périodiques; à Québec, 113 ; dans la Nouvelle-Écosse, 46; dans le Nouveau-Brunswick, 38; dans le Manitoba, 26; dans l'île du Prince-Édouard, 11 ; dans la Colombie britannique, 8, et dans les territoires du Nord-Ouest, 5. Rien d'étonnant, car la province d'Ontario, possède des villes fort importantes : Toronto, Ottawa, Hamilton, Londres, Kingston, sont les centres du mouvement intellectuel et scientifique de toute la province, et la province elle-même est le centre du mouvement agricole et commercial du Canada.

Si la province d'Ontario est, par sa nature, merveilleusement appropriée à l'agriculture, il faut reconnaître que le gouvernement de la province et les habitants s'unissent dans de communs efforts pour répondre dignement à la tâche qui leur est naturellement dévolue. Non seulement le gouvernement entretient le collège agricole de Guelph, mais il commence à introduire dans les écoles primaires les premières notions d'agriculture, tandis que les cultivateurs et les propriétaires organisent des réunions, où ils discutent librement toutes les questions qui se rattachent à la défense de leurs intérêts.

Il suffit de citer les associations d'agriculture et des arts de Toronto, l'association de laiterie (Dairymen's Association), l'association fruitière (Fruit Growers Association), la société d'entomologie, la société de volailles d'Ontario, la société d'horticulture d'Hamilton, etc., etc., pour montrer par quelle voie l'économie rurale, dans cette province, fait des progrès continuels.

Dans le Dominion, il n'est pas d'établissement d'enseignement agricole comparable au Collège agricole de Guelph. Il a pour directeur M. le professeur James Mills. Une ferme expérimentale, conduite par le professeur Brown, est annexée à ce collège.

Voici, d'après un mémoire du professeur Brown, analysé par M. Fream, quel est le budget approximatif d'un établissement d'enseignement agricole au Canada :

*Collège d'agriculture.*

RECETTES.

| | Francs. |
|---|---|
| Rétribution scolaire de 100 élèves à 250 francs par an. | 25.000 |
| Pension alimentaire à 375 francs par tête. . . . . . . . | 37.500 |
| | 62.500 |
| Déficit ou balance. . . . . . . . . . . . . . . . . . . . | 53.000 |
| Total égal. . . . . | 115.500 |

DÉPENSES.

| | Francs. |
|---|---|
| Traitement de 5 maîtres. . . . . . . . . . . . . . . . . | 32.500 |
| Frais généraux de direction. . . . . . . . . . . . . . . | 6.000 |
| Frais de direction du restaurant. . . . . . . . . . . . | 9.500 |
| Dépenses du restaurant. . . . . . . . . . . . . . . . . | 52.000 |
| Entretien et réparations. . . . . . . . . . . . . . . . | 15.000 |
| Total. . . . . | 115.500 |

*Ferme expérimentale* (160 hectares en culture).

RECETTES.

| | Francs. |
|---|---|
| Produits de la vente de bétail, laine, grain, etc. . . . . | 23.500 |
| Déficit ou balance. . . . . . . . . . . . . . . . . . . . | 13.200 |
| Total égal. . . . . | 36.700 |

DÉPENSES.

| | Francs. |
|---|---|
| Gages de 3 chefs de pratique | 10.500 |
| — de 4 laboureurs | 7.200 |
| — d'un bouvier et d'un berger | 4.000 |
| Frais pour engrais spéciaux, semences, forgeron, bourrelier, combustible, médecin, impressions, outils, réparations, etc. | 15.000 |
| Total | 36.700 |

A côté de ce devis estimatif, M. Fream nous fait connaître les frais réels et les recettes du Collège agricole d'Ontario en 1882.

*Collège agricole d'Ontario* (1882).

RECETTES.

| | Francs. |
|---|---|
| Rétribution scolaire | 18.350 |
| Nourriture des élèves | 24.675 |
| Droits supplémentaires d'examen | 150 |
| | 43.175 |
| Déficit ou balance | 113.725 |
| Total égal | 156.900 |

DÉPENSES.

| | Francs. |
|---|---|
| Traitements et gages du personnel | 60.550 |
| Frais de nourriture | 48.800 |
| Dépenses d'intérieur | 34.450 |
| Annonces, impressions, etc | 4.000 |
| Laboratoire, bibliothèque, etc | 5.550 |
| Eau pour le collège et la ferme | 3.550 |
| Total | 156.900 |

Ces chiffres sont empruntés au rapport du directeur du Collège. Il en ressort un déficit, pour l'exercice de

1882, de 113.725 francs, que le gouvernement de la province prend à sa charge. En 1883, un rapport semblable fait ressortir un déficit de 129.000 francs, et en 1884, de 112.650 francs.

Les dépenses du Collège, toutefois, sont un peu moindres qu'elles ne le paraissent ; car il faut en déduire la valeur du travail des élèves dans la ferme expérimentale. En juin et juillet, les cours n'ont pas lieu, et les élèves consacrent aux travaux de la culture plus de 9 heures par jour ; pendant le reste de l'année, ils doivent travailler de 3 heures et demie à 5 heures par jour à la culture. L'heure du travail effectif est taxée de 20 à 50 centimes, selon l'évaluation du chef des cultures de la ferme ou de ses chefs de pratique. D'un autre côté, les frais de nourriture, de logement, d'éclairage, sont estimés de 11 fr. 25 à 12 fr. 50 par élève et par semaine.

Ainsi réduites, les charges minima se présentent dans les termes suivants :

1° Un élève de la province d'Ontario, capable et zélé, et ayant déjà pris chez son père une certaine habitude des travaux de culture, paie de 250 à 350 francs par an, pour nourriture, blanchissage et instruction ;

2° Si un élève de la province d'Ontario n'a aucune notion de culture, le total des frais varie de 300 à 375 francs ;

3° Pour un élève venu du dehors de la province d'Ontario, les frais s'élèvent de 375 à 500 francs.

Le bilan annuel de la ferme expérimentale annexée au Collège ne nous est pas fourni par M. Fream, mais nous avons la valeur du cheptel existant au

31 décembre de l'année 1883 et de l'année 1884 :

| | 1883 | 1884 |
|---|---|---|
| | — | — |
| | Francs. | Francs. |
| Chevaux. . . . . . . . . . . . . | 11.750 | 11.625 |
| Bêtes à cornes. . . . . . . . . | 25.000 | 157.400 |
| Bêtes à laine. . . . . . . . . | 875 | 26.350 |
| Bêtes porcines. . . . . . . . . | 3.250 | 2.700 |
| Instruments aratoires. . . . . | 38.575 | 43.425 |
| Ensemble. . . . . | 79.450 | 241.500 |

On voit que d'une année à l'autre la valeur totale de ce cheptel a été augmentée de 162.050 francs, soit pour les besoins de l'instruction, soit pour les besoins de la culture.

La contenance de la ferme expérimentale est de 220 hectares, dont 160 sont défrichés. Le domaine a été acheté en 1873, par le gouvernement provincial, au prix de 375.000 francs, soit environ 1.700 l'hectare ; mais si l'on compte les travaux de défrichement faits depuis l'acquisition, les frais de construction, de mobilier, l'achat des animaux de ferme, des instruments aratoires, les dépenses pour le drainage, etc., le domaine, à la fin de 1880, ne revenait pas à moins de 1.129.450 francs.

On sera moins étonné de ce chiffre, qui peut sembler considérable, quand on connaîtra la population animale de cette ferme expérimentale.

Dans la catégorie des bêtes à cornes, par exemple, on remarquait : 6 Durhams pur sang, dont le plus beau a été payé 11.250 francs ; 4 Herefords, dont le plus cher a été coté 12.500 francs ; 5 Aberdeen-Angus, sans cornes, dont le plus cher a été acheté 12.500 francs ; 2 Devons, dont le plus beau a coûté 1.500 francs ;

3 Galloways, dont le plus cher revient à 2.500 francs ;
5 Ayrshires, dont le meilleur a coûté 1.050 francs ;
3 Guerneseys, dont le plus cher coûte 1.250 francs ;
4 Jerseys, payés en moyenne 1.125 francs.

La valeur d'achat des bêtes à cornes s'élevait donc à la somme totale de :

| | Francs. |
|---|---|
| Pour les Durhams | 31.275 |
| — Herefords | 18.925 |
| — Aberdeen-Angus | 19.300 |
| — Devons | 2.625 |
| — Galloways | 5.500 |
| — Ayrs | 4.300 |
| — Guerneseys | 2.125 |
| — Jerseys | 4.500 |
| Valeur totale des bêtes à cornes. | 88.550 |

Les bêtes à laine comprenaient :

Race de Lincoln, 1 bélier (750 francs) et 3 brebis à 250 francs.
— Cotswold, 1 bélier (575 francs).
— Cirencester, 1 bélier (750 francs) et 5 brebis à 125 francs.
— Leicester, 1 bélier (1.250 francs) et 6 brebis à 208 francs.
— Highland, 1 bélier (250 francs) et 2 brebis à 62 francs.
— Cheviot, 1 bélier (250 francs) et 2 brebis à 62 francs.
— Oxford Down, 2 béliers (à 500 francs) et 6 brebis à 250 fr.
— Hampshire Down, 2 béliers (à 1.000 francs) et 5 brebis à 150 francs.
— Shropshire Down, 2 béliers (l'un à 1.625 francs, l'autre à 875 francs).
— South Down, 2 béliers (l'un à 1.300 francs, l'autre à 2.625 francs) et 5 brebis à 260 francs, provenant des bergeries de lord Walsingham (comté de Norfolk).

On espère joindre à cette remarquable collection quelques spécimens de la race mérinos. Telle qu'elle est, les élèves y trouvent les éléments d'études fécondes que pourrait offrir une Exposition permanente.

De nombreuses expériences se poursuivent sur la

ferme expérimentale. On étudie l'alimentation du bétail; l'influence des différents fourrages sur la quantité et la qualité des produits de la laiterie; l'étude des différentes variétés de froments et des différents engrais; l'influence exercée par des semis épais et des semis clairs, par des semis à petite profondeur et à grande profondeur; le choix des graminées et des légumineuses comme fourrages; les pâturages permanents; la rotation des récoltes, etc., etc.

Les parcelles annexées aux expériences sont au nombre de 180, et occupent une surface d'environ 10 hectares. Ce champ d'expériences est pourvu d'un grand pluviomètre, de six lysimètres (appareils à mesurer la quantité des composés dissous dans un liquide), de huit thermomètres pour mesurer les températures du sol, de la série habituelle des instruments météorologiques, et d'un laboratoire d'analyses bien outillé.

Quand M. Fream, auquel nous empruntons ces détails, a visité le Collège d'Ontario, ces parcelles étaient groupées et sont encore groupées par bandes au nombre de neuf. Sur la première bande, on fait l'essai de semences de céréales nouvellement importées d'Angleterre; sur la seconde, on expérimente l'azote sous trois formes de combinaisons; sur la troisième, on expérimente pareillement l'acide phosphorique; sur la quatrième, on étudie le pâturage et le turneps mis en présence de trois formes d'engrais; sur la cinquième, on essaie les récoltes fourragères et vingt variétés de graminées et de légumineuses; sur la sixième, on observe les effets de matières fertilisantes spéciales sur plusieurs variétés de betteraves; la septième est laissée sans culture; la huitième est consacrée à des essais de culture de pois provenant d'Angleterre ; enfin, la neuvième sert à expérimenter des variétés de blés d'hiver et des arbres de diverses essences au point de vue de leur acclimatation. Ces nombreuses expériences n'ont pas fait oublier la question de l'ensilage, qui est à l'ordre du jour dans toute l'Amérique du Nord.

Le mouvement qui a décidé les États-Unis et le Canada à renouveler la condition générale du bétail par l'importation de reproducteurs étrangers s'est étendu si vivement, que l'exposition de Toronto fournit, en 1880, à MM. Clare-Read et Albert Pel, membres du Parlement anglais, commissaires délégués pour faire l'enquête sur l'agriculture des Etats-Unis, l'occasion de consigner, dans leur rapport officiel, le témoignage suivant :

« L'exposition d'agriculture de Toronto eût été jugée magnifique pour le bétail dans n'importe quel pays. Les bœufs courtes-cornes formaient la classe la plus nombreuse et la meilleure. Parmi les bœufs primés se trouvaient les spécimens du troupeau de Bow-Park. Il y avait de beaux Herefords et beaucoup d'Ayrshires, quelques Galloways et d'autres races. Les moutons à longue laine étaient les plus nombreux ; ceux à laine courte et moyenne étaient bien représentés. Les porcs, ici comme partout ailleurs en Amérique, formaient le trait caractéristique de l'exposition, qui ne pourrait guère, à cet égard, être surpassée chez nous. Parmi les chevaux, ceux de Clydesdale, race importée, étaient les meilleurs, et quelques-uns d'entre eux avaient le pas aussi sûr que ceux de Norfolk. Peut-être devrait-on regarder comme la partie la plus utile de l'exposition les taureaux d'un an courtes-cornes, splendide collection de jeunes animaux de bonne race, dont la plupart étaient à vendre au prix d'environ 500 francs pièce. »

Depuis vingt ans en effet le bétail n'a pas été simplement transformé. Il a été pour ainsi dire créé par l'introduction de types excellents des races les meilleures. Au fond, c'est le Durham qui domine, et dans la province d'Ontario c'est aujourd'hui par milliers qu'on les compte. La moitié du bétail appartient à la race Durham. Ce travail de création d'un bétail supérieur trouve sa récompense dans une exportation soutenue d'animaux de choix, soit pour les États-Unis, soit pour l'Angleterre. Quant aux vaches bonnes laitières, c'est à certaines races d'Ayrshire et de Jersey qu'on fait le plus grand nombre d'emprunt.

Dans la province d'Ontario, on commence à recourir à la stabulation permanente du bétail. Dans les exploitations scientifiquement conduites, le système de la stabulation est facile et avantageux sous bien des rapports. L'introduction d'un grand nombre de plantes savoureuses et nutritives permet de donner aux animaux une nourriture saine et variée. On nourrit plus de têtes de bétail sur une même étendue de terrain ; on obtient du même animal plus de produit et en même temps on recueille une plus grande quantité de fumier ; mais avant d'opérer ce changement de méthode, il faut modifier le système de culture en créant des prairies artificielles et en cultivant des racines. De plus, il faut améliorer la condition des étables en leur assurant du jour, de l'air. C'est une révolution.

Les moutons appartiennent surtout à la variété à laine fine de Leicester et de Lincoln. Plus récemment, l'attention a été ramenée vers les moutons à poil court, les South-Downs, les Oxford-Downs et les Shropshires. Il y a vingt ans, le poids de la laine n'était que de trois livres par toison : maintenant il est de cinq livres. En même temps, les fermiers ont entrevu les avantages de l'exportation, et l'exportation des moutons s'est élevée de 10.000 à 100.000.

La supériorité du bétail (moutons et chevaux) reconstitué depuis vingt ans, dans la province d'Ontario, est parfaitement reconnue par les Américains, qui sont continuellement en relations d'affaires avec les cultivateurs de ce pays, et à la recherche des types les plus purs des races définitivement acclimatées.

Les cultivateurs canadiens, et notamment les cultivateurs de l'Ontario, recueillent les profits de la création d'un bétail de choix. Ce n'est pas seulement aux Etats-Unis, c'est en Angleterre que l'exportation se fait avec de bons profits. Fort au courant des sévérités de la loi anglaise et des ordres du conseil qui en exagèrent encore la rigueur, les éleveurs canadiens prennent toutes les précautions pour tenir leurs marchandises au-dessus de tout soupçon, et garantir leur bétail de toute maladie contagieuse. Ce commerce, dont les origines ne remontent pas au delà de 1874, grandit de jour en jour, et, en 1885, sur une exportation totale de 144.441 têtes, 68.556 ont été dirigées sur les îles Britanniques.

Le bétail se répartit ainsi :

| | 1883. | 1884. |
|---|---|---|
| | Têtes. | Têtes. |
| Chevaux | 560.133 | 535.953 |
| Bêtes à cornes | 1.818.054 | 1.925.670 |
| Dont vaches laitières | 690.437 | 710.519 |
| Bêtes à laine | 1.868.784 | 1.890.733 |
| Dont à laine fine | 245.609 | 300.129 |
| Race porcine | 906.727 | 916.158 |
| Basse-cour | 5.847.344 | 6.237.606 |

On voit que la production et l'élevage des bestiaux pur sang a joué déjà un très grand rôle dans l'agriculture du Canada comme dans l'agriculture de États-Unis. Depuis environ dix ans, des milliers d'animaux de race ont envahi les rangs du bétail américain pour l'améliorer et le transformer. Le Kentucky, l'Illinois, l'Yowa et l'Ontario se sont distingués à cet égard entre tous les États. C'est la nécessité qui a peu à peu précipité ce courant de résolutions et d'efforts. D'abord, l'élevage des bestiaux est plus avantageux que la culture du blé : il demande moins de travail ; enfin il s'est imposé dans tous les États où la production ininterrompue de la culture des grains a fini par épuiser la terre. C'est ce qui est arrivé dans l'Ontario. Quand les riches moissons qui avaient récompensé le défrichement des pionniers eurent fait place à de maigres récoltes entre les mains de cultivateurs ignorants, quand la vieille coutume de semer blé sur blé sans engrais parut conduire à la stérilité et à la ruine, chacun se mit à souffrir et à réfléchir. Un très grand nombre d'exploitations se trouvait naturellement dans les conditions les plus favorables à l'industrie des bestiaux et de la laiterie et la substitution de l'industrie des bestiaux à la culture des grains s'accomplit comme par enchantement.

On pourra trouver dans le rapport déjà cité de MM. Read et Pell des détails très précis sur le système d'agriculture que cette situation nouvelle a fait adopter au Canada, et sur les heureux effets de cette évolution agricole.

Si le voyageur demeure, dans l'Ontario, frappé de l'aspect de certaines terres qui sont épuisées par le défaut d'engrais et qui portent la marque de l'inexpérience brutale de ceux qui les ont exploitées à outrance sans les soigner et les nourrir, il sera, d'autre part, aussi étonné que charmé du tableau qui s'offrira à ses regards quand il visitera les fabriques de beurre et de fromage. Le système adopté pour travailler le laitage a fait d'énormes progrès. Le principe diviseur du travail est pratiqué dans tous ses détails et poursuivi dans toutes ses conséquences. C'est un des cas fort rares où l'association a réussi en agriculture. Les réunions, les conférences, les meetings des associés se renouvellent sans cesse pour étudier les moyens de perfectionner la fabrication et suivre tous les besoins de la consommation. Assurément, il reste beaucoup à faire, surtout au point de vue de la fabrication du beurre. Assurément, le succès n'appartient pas forcément au système des crémeries et des fromageries coopératives, aux syndicats de propriétaires et de fabricants, mais on sent que ces efforts continus n'en ont pas moins donné un grand essor à l'industrie et au commerce du fromage.

Pour les fromages, l'augmentation a été de 39 millions de livres en 1882, à 67 millions de livres en 1884, et 71 millions de livres en 1885.

On n'a pas de statistique précise sur les beurres; mais on adopte partout le système des crémeries communes, afin d'obtenir la meilleure qualité possible.

Belleville est située sur le lac Ontario. C'est un des centres les plus importants de la fabrication des fromages dits fromages de Cheddar.

On compte dans la province 471 factoreries-fromageries, dont 306 ont produit, en 1882, 25.562.431 livres de fromage, soit une production moyenne, par établissement, de 84.322 livres.

La concurrence, comme nous l'avons déjà dit, l'exploitation des territoires du Nord-Ouest, semble nuire à la culture du blé dans le bas Canada, et précipite heureusement et inévitablement les cultivateurs prévoyants dans l'élevage des bestiaux, les fermes de laiterie et la fabrication des fromages.

Les terrains salés de l'Ontario couvrent une surface de 1.200 milles carrés, et l'on a reconnu que l'épaisseur des couches de sel gemme situées sur les bords du lac Huron, au port de Goderich, était de 126 pieds. Les explorations géologiques de Logan avaient révélé que des groupes de blocs de sel devaient se trouver dans l'ouest de l'Ontario ; mais ce n'est qu'en 1866 que le sel fut découvert. Ces dépôts de sel sont les vestiges d'un ancien lac d'eau salée embrassant une partie du Michigan et de l'Ontario. En 1880, la commission d'agriculture de la province constata que la question du sel avait pris une importance considérable, au point de vue de la confection des fromages, des beurres salés, des salaisons de porcs, et même de la nourriture des animaux et de l'engrais des terres. Il fut résolu qu'on chercherait à s'affranchir du sel anglais dont le Canada avait été jusqu'alors tributaire, et l'exploitation des dépôts de sel de l'Ontario fournit aujourd'hui aux industries agricoles un secours très important.

On a creusé des puits dans le but d'extraire du sel par blocs, pour les expédier à Chicago, Cincinnati et Saint-Louis, les grands centres de la confection et de l'expédition des viandes salées.

---

## VIII. — LA PRAIRIE.

### LE MANITOBA ET LES TERRITOIRES DU NORD-OUEST.

*Esquisse physique.* — La surface de la région des prairies au Canada, dit M. Fream, occupe trois larges plateaux, dont le plus bas est à l'est et le plus élevé à l'ouest. Les frontières politiques entre le Canada et les États-Unis de l'ouest se confondent avec le 49e parallèle de latitude nord, et, le long de cette ligne, la prairie s'étend du 96° au 112° méridien de Greenwich sur une distance d'environ 900 milles. Au nord, la Prairie devient plus étroite et se perd dans les rives glacées de l'océan Arctique, où sa largeur n'excède pas 400 milles. A l'est, elle a pour limite le plateau rocheux qui borde la rive occidentale du lac Winnipeg et tourne ouest-nord-ouest vers le lac Athabasca. Ce plateau est une très ancienne roche cristalline de l'âge Laurentien, peut-être Huronien. On en observe très bien l'aspect le long du chemin de fer Pacifique Canadien. De Port-Arthur, sur le lac Supérieur, à la ville de Winnipeg, l'aspect est sauvage et rocailleux, et annonce de grandes richesses minérales; l'agriculture ne s'y développera pas de longtemps. Dans le voisinage de Telford, à 338 milles de Port-Arthur, le paysage, avec ses peupliers, ses tamaracs et ses autres arbres, fait place à un pays découvert, où les clairs et rapides cours d'eau de la montagne se transforment en petits ruisseaux limoneux. On entre dans une région de riches alluvions, c'est la vallée de la Rivière-Rouge avec sa ceinture de marais flottants, longue de 20 milles.

La limite occidentale de la prairie est constituée par le magnifique rempart naturel des Montagnes Rocheuses. Ce rempart consiste en une série de chaînes parallèles, dont la largeur, de l'est à l'ouest, est de plus de 100 milles. Des neiges éternelles couvrent les pics les plus élevés, et leurs lignes brillantes et hardies contrastent avec la noire verdure des pins qui couvrent les montagnes les plus basses.

Les Montagnes Rocheuses constituent le partage des eaux entre l'Atlantique et le Pacifique. Bien plus au nord, une autre chaîne de montagnes fait le départ entre l'Athabasca et la rivière de la Paix, qui vont se jeter directement dans l'océan Arctique, et les rivières qui rentrent dans le grand système de Saskatchewan; mais cette seconde ligne de partage des eaux est beaucoup moins élevée que la ligne des Montagnes Rocheuses au sud.

« Il est, disait le professeur Ramsay, peu de vues plus grandioses que le cercle des Alpes, du haut de la cathédrale de Milan; il en est peu de plus élégantes que la vaste muraille des Pyrénées, vue de Toulouse; mais ni l'une ni l'autre ne sont aussi splendides que le spectacle de cette longue ligne d'escarpements neigeux s'élevant d'une chaîne qui semble sans fin, pour mettre un terme à la longueur de cette prairie qui semble sans limites! »

Toute la région des prairies s'incline en pente douce de l'ouest à l'est avec une inclinaison d'environ cinq pieds par mille. Sa partie la plus basse et la plus orientale est comprise entre la vallée de la Rivière-Rouge et le lac Winnipeg. Elle s'élève à environ 800 pieds au-dessus de la mer, la surface du lac Supérieur se trouvant à 627 pieds. Sa largeur excède 100 milles, et sa surface est d'environ 56.000 milles carrés, dont le quart en eau. Elle est bornée à l'est par le plateau Laurentien; à l'ouest, par les premiers escarpements du Mac-Gregor.

Lorsqu'on a dépassé ces premiers escarpements, on entre dans une vaste région nommée les grandes plaines, qui forme la seconde steppe des prairies. Par le 49° de latitude, cette seconde steppe a une largeur de 230 milles, qui se réduit à 200 au 54ᵉ parallèle. Son élévation est de 1.600 pieds, et elle est bornée à l'ouest par le grand coteau du Missouri, qui est un amas de détritus de la période glaciale, et de blocs erratiques arrêtés sur la pente de roches de la période crétacée. Du côté de l'Orient, la surface de ce coteau devient plus ondulée et les matériaux sont accumulés confusément en tumulus, qui dépassent rarement une hauteur de 100 pieds. La ceinture de ce coteau est dépourvue de vallées de drainage, de sorte que les eaux de ses lacs et de ses marais sont surchargées de sels, particulièrement de sulfates de sodium et de magnésium. La partie occidentale du coteau a de larges et profondes vallées, avec des coulées tributaires qui sont, les unes très arides, les autres remplies par des chaînes de petits lacs qui se dessèchent en été et laissent alors de larges taches d'efflorescences salines, dont la blancheur contraste violemment avec les touffes pourprées des perce-pierre des marais ou salicornes dont leurs bords sont remplis. Plusieurs de ces lacs salés, comme ceux des Vieilles-

Femmes, sont persistants. Le coteau du Missouri forme la bordure orientale de la troisième steppe de prairies, qui est la plus haute et s'étend à l'ouest en pente douce jusqu'à la base des Montagnes Rocheuses.

La surface de la seconde steppe de prairies est un peu moindre que celle de la vallée de la Rivière-Rouge. Son sol est formé de détritus provenant de la désagrégation des roches, mêlées à d'autres minéraux transportés de plus loin. Ceux de la montagne de la Tourterelle et de Touchwood Hills ressemblent aux dépôts du coteau du Missouri. La montagne de la Tourterelle, haute de 500 pieds, est une surface accidentée couverte de bois épais qui contrastent vivement avec l'aspect général de la prairie. Elle occupe environ 20 milles carrés. Généralement, les collines composées de gravier sont boisées ; les surfaces composées de matériaux plus fins sont gazonnées, excepté le long des cours d'eau où le bois pousse également.

La troisième steppe à l'ouest du coteau est recouverte d'une couche beaucoup plus épaisse de dépôts de fragments de quartz provenant des Montagnes Rocheuses. A l'est, on y trouve de fortes couches de terre à potier ; plus près des montagnes, des ardoises et de la chaux. Dans beaucoup d'endroits, les *Boulders* abondent, et dans les temps modernes, les buffles s'en sont servis pour s'y frotter. Aussi, sont-ils entourés de bassins creusés par les pieds de ces animaux.

« Les buffles ont maintenant disparu de ces plaines ; mais il y est resté de nombreuses traces de leur séjour : pierres à frotter *(Rubbing stones)*, bauges, sentiers profondément creusés et squelettes blanchis. Sur la Bow River, nous avons vu, dit M. Dawson, un vaste dépôt d'ossements couverts de terre indiquant la destruction d'un troupeau par des causes naturelles, peut-être par un froid extraordinaire, ou un excès de neige. Lorsque la neige est suivie par le dégel, lui-même accompagné de nouvelles gelées, on voit se former une croûte de glace très dure qui est souvent funeste aux troupeaux sur ces hauts plateaux. » (*Dawson, Quart. Journ. Geol. Soc.* 1884, p. 387.)

La troisième steppe, qui a une étendue de 450 milles, se rétrécit rapidement dans la direction du nord.

« La géologie de notre grand Nord-Ouest comme celle de nos vastes plaines et de nos immenses rivières, se déploie sur une large échelle. C'est un beau spectacle pour l'œil du géologue que ce merveilleux panorama qui se déroule devant lui, esquissant les traits géologiques de la région qui s'étend des roches Laurentiennes de l'est aux hautes montagnes de l'ouest. Les premières représentent le triomphe de la roche sur les eaux universelles des anciens jours, et les dernières appartiennent à une période qui est presque l'apogée des séries géologiques. Entre ces deux grandes limites naturelles, nous voyons s'allonger devant nous les trois vastes steppes du Nord-Ouest, s'élevant successivement les unes au-dessus des autres et se distinguant chacune par leurs traits particuliers. » (*Geology of the Red River valley by J. Hoyes Panton.*)

Bien que le sol de ces prairies soit d'origine glaciale ou alluviale, elles ne sont pas pourtant le produit exclusif de ces mouvements de la nature. De longues périodes de végétation ne décomposent pas seulement la surface d'une terre, et ne se bornent pas à désagréger la superficie de la roche; elles produisent des résidus organiques dont le mélange avec des débris minéraux constitue la terre végétale. On ne doit pas non plus oublier le travail des êtres vivants et des animaux qui, en creusant leurs terriers, exposent les terres qu'ils en retirent à l'action de la pluie et des vents. En Europe, c'est l'office du lapin et de la taupe. Dans l'Amérique du Nord, c'est l'œuvre du chien des prairies, du gophe.

Le gophe est un petit animal de la famille des écureuils. Le chien de la prairie est un rongeur et non un carnivore. On le voit aussi le long du chemin de fer du Pacifique. Il creuse des trous qui sont fort gênants pour les chevaux qui parcourent les prairies. Aussi, à Bell-Farm, dans le Manitoba, on accorde une prime d'un demi-penny par queue d'animal.

Le castor recule partout devant l'homme, mais il laisse des traces de son passage. Ses barrages ont intercepté les rivières et parfois les ont détournées de leur lit. Dans beaucoup de vallées, des milliers d'acres ont été convertis en lacs qui, à leur tour, envahis par des végétations aquatiques, sont devenus successivement des marécages, puis des prairies. Les modifications que les ouvrages des castors ont apportées à certaines régions sont vraiment extraordinaires.

Les sentiers tracés par le bison, l'élan et le mouflon sont des routes solidement battues, sur lesquelles la végétation cesse de croître pendant de longues années.

M. Fream relate, d'après M. le professeur Munso, que le ver de terre, le plus répandu de tous les animaux dans le sol, fait défaut dans la Prairie, ou y est du moins très rare. Cette absence est peut-être plus apparente que réelle, car Darwin a remarqué que le ver de terre existe dans toutes les parties du monde. Faisons honneur à M. Fream de ces renseignements.

*Sol.* — Si la richesse du sol est remarquable dans beaucoup de prairies du Manitoba, c'est que les siècles y ont accumulé les excréments des animaux, les cendres des incendies de prairies, et les débris de plantes et d'animaux conservés dans une matière marneuse soutenue par une argile imperméable. Ce sol pourra donner de riches moissons; mais, dans les conditions présentes, d'après les analyses de terre faites par MM. Lawes, Gilbert, Munso et Fream, il ne peut être comparé au point de vue de sa force productive au sol de l'Angleterre, cultivé depuis des siècles.

Si cette grasse terre de prairie ne produit pas davantage, il faut l'attribuer en partie au climat, mais surtout à la rareté des bras et à l'imperfection de la culture, qui laisse pousser trop abondamment les mauvaises herbes. Il peut être avantageux de recourir à une culture mixte pour répondre aux besoins locaux; mais la brûlure des pailles, le manque et la perte des engrais tendent à épuiser le sol, bien que ces procédés de culture soient pour le moment plus ou moins inévitables. Il est bon de rappeler ici l'opinion des investigateurs de Rothamsted, MM. Lawes et Gilbert, qu'un sol fertile est celui sur lequel ont été accumulés les résidus de longs siècles de végétation et que ce sol fertile devient infertile lorsque la force productive de ces résidus accumulés se trouve épuisée.

*Herbages indigènes.* — Le caractère essentiel de la Prairie (et son nom l'indique) est l'absence d'arbres.

Sa végétation se compose donc, pour la plus grande partie, de simples herbes, bien qu'on rencontre des arbustes dans les parties marécageuses et que le cours des rivières soit souvent indiqué par des lignes d'arbres peu élevés. La qualité nutritive des herbes de la Prairie est d'une importance capitale pour l'agriculture, et l'on en trouve la preuve dans ce fait que pendant des siècles la Prairie a nourri d'innombrables troupeaux de buffles, dont les descendants sont aujourd'hui chassés par l'agriculture. M. Fream, qui a fait de cet intéressant sujet une étude spéciale, déclare qu'on n'y trouve pas une seule espèce de trèfle indigène; en revanche, on y compte vingt-six espèces de légumineuses. Quant aux graminées, elles ne sont pas semblables à celles qui croissent en Angleterre. Ces herbages varient beaucoup d'un point à un autre. Leur qualité nutritive ne réside pas seulement dans leur abondant feuillage, mais aussi dans leurs graines.

*Climat.* — La relation qui existe nécessairement entre le climat d'un pays et son agriculture justifie quelques observations sur le climat du Manitoba et des territoires du Nord-Ouest, d'autant plus qu'en Europe on s'en fait une très fausse idée. Le jeu normal des saisons comprend un hiver long et rigoureux, mais sec; un été chaud, avec des pluies abondantes ; un automne court, mais agréable, et un printemps encore plus court, qui est généralement sec et ensoleillé. L'ouverture du printemps, signalée par la première apparition des fleurs, a lieu vers la mi-avril dans toute la prairie. La chaleur diurne croît rapidement et atteint son maximum à la mi-août. En ce moment, survient un grand abaissement de la température, qui se maintient fixe jusqu'à l'automne. Les derniers jours de cette saison sont souvent magnifiques, et on les nomme l'*été indien*. L'hiver arrive avec les premières soirées de novembre. La navigation cesse sur la rivière Rouge, tandis que la navigation de la rivière de la Paix, quoique plus septentrionale, reste ouverte plus longtemps. Pour juger le degré de la température, il ne faut pas s'en rapporter uniquement au thermomètre. Quand il accuse dans le Manitoba 20 degrés au-dessous de zéro, cette température serait insupportable en Europe, puisqu'elle serait aggravée par une humidité spéciale ; mais dans le Manitoba et dans le Nord-Ouest, l'air est toujours très sec ; on y supporte aisément des froids qui paraitraient intolérables en Europe.

« Le climat de ce pays, a dit M. James Stewart, rapporteur du service de météorologie, à Winnipeg, est le plus beau du monde, grâce à l'atmosphère sèche qui l'entoure ; les fluctuations de la température sont sans inconvénient, ce qui n'a pas lieu dans les pays où l'atmosphère est plus humide. Les chaudes journées de l'été sont généralement suivies de fraîches soirées, de sorte qu'on ressent rarement le poids d'une chaleur étouffante. Les jours de chaleur suivis de nuits fraiches favorisent extrêmement la production des céréales. Par les mêmes motifs, l'hiver n'est pas moins agréable. Les pluies tombent régulièrement en mai et juin, alors que la végétation en a le plus besoin, tandis que les mois qui suivent le solstice sont généralement secs ; de sorte qu'on est rarement contrarié par le temps à l'époque des moissons. Les mois de septembre, octobre et novembre sont considérés comme la plus belle saison de l'année. C'est une saison sèche et fraîche qui est, je crois, inconnue partout ailleurs. »

Dans la Prairie, les lignes isothermales ne suivent pas exactement les parallèles; et pour les territoires du Nord-Ouest, elles s'élèvent considérablement, au nord entre le 100ᵉ et le 120ᵉ méridien. Cette partie du Canada jouit d'une température beaucoup plus élevée qu'aucune autre du globe sous la même latitude. Ce climat tout particulier est dû aux vents chauds qui viennent des déserts de l'Amérique tropicale. En été, ils déposent leur humidité sur les prairies sous forme de pluie; en hiver, ils s'en débarrassent bien plus vite sur leur parcours et arrivent secs sur les plateaux du Nord-Ouest.

*Mauvaises terres.* — Ces régions que nous venons de qualifier de déserts américains ne sont pas désignées sous ce nom par les géographes américains. Cette région comprend aussi une portion des États de Nebraska, Colorado, Wyoming et Utah, entre le 36ᵉ et le 41ᵉ parallèles nord. Ces espaces sont connus sous le nom de *bad lands*, à cause de leur climat aride et de leur maigre végétation. Ce sont des collines nues, de forme ronde ou conique, composées de sable d'argile et de fragments de roche, avec des pentes très escarpées qui cèdent à la pression du pied. On ne peut les gravir qu'avec les plus grandes peines, de sorte que ce n'est pas une petite affaire que de pénétrer et de traverser ces districts. Il ne peut pas y être question d'agriculture. Il ne pourrait en être autrement que si les pluies devenaient plus abondantes. C'est un des problèmes de l'avenir : c'est là qu'on trouve le plus abondamment les trésors fossiles de l'époque tertiaire.

*Avenir et exploitation dans la prairie.* — Résumons ici les réflexions qu'a inspirées à M. Fream l'étude attentive des exploitations rurales dans la Prairie.

Beaucoup de fermes du Manitoba et du Nord-Ouest doivent être considérées comme des établissements de pionniers, sans rotations et sans méthode; mais, grâce à l'administration de cette province, cette région, consacrée à la culture des céréales, fait de grands progrès. La cherté de la main-d'œuvre et la nécessité de faire, surtout en temps de moisson, beaucoup de besogne en très peu de temps, a conduit les cultivateurs à se servir en grand des machines, qui sont fournies généralement par les États-Unis.

Sans doute, le plus grand danger qui menace actuellement les entreprises agricoles, est la pratique d'une culture négligée et sommaire, et l'on peut citer bien des exemples. Ce danger est entretenu tantôt par l'ignorance de l'émigrant, qui est très naturelle, ou par l'avidité des spéculateurs qui, ayant acheté des terrains, sacrifient tout à un bénéfice immédiat. La facilité avec laquelle on met les prairies en culture est par elle seule un vrai danger. Sous ce rapport, le Manitoba ressemble si peu aux vieilles provinces du Canada! Là, point de dur travail à la hache pour abattre les arbres et établir une clairière! On n'attend point des années que les souches disparaissent et que la place puisse être ensemencée. Le pionnier du Far-West peut labourer, semer immédiatement, et obtenir immédiatement une moisson d'avoine; mais le succès peut être suivi de déception. Il faut espérer que les fermiers de la Prairie n'abuseront pas d'un sol vierge et fertile pour le cultiver négligemment et en tirer tout ce qu'il peut donner, sans s'inquiéter de ce qu'il donnera. Sans doute, la tentation est grande ; mais on ne doit point oublier que la fertilité du sol s'épuise rapidement, et que dans peu d'années, le possesseur de terres très étendues, mais stérilisées par sa négligence, se trouverait dans une situation pire que le possesseur d'une terre petite, mais bien cultivée.

Quoique le nom de Prairie évoque généralement l'idée de prairie et de pâturage, la culture de cette région est dirigée jusqu'ici vers la production des céréales, et les premiers résultats ont donné raison aux pionniers ; mais il serait plus sûr, plus avantageux et plus prévoyant de créer des fermes mixtes, de façon que le sol du cultivateur ne dépende plus uniquement de la récolte du froment, et qu'il puisse produire tout ce qui est nécessaire à la vie, sauf l'épicerie ; avec un peu d'expérience et d'argent, les producteurs de froment ne négligeront plus le bétail. Assurément, l'herbage naturel de la Prairie offre des ressources pour ainsi dire illimitées à la production du bœuf et du mouton. La culture exclusive des céréales est une faute qui commence à être reconnue et sera réparée.

Le sol excellent de la Rivière-Rouge n'occupe que la limite orientale de la Prairie, et bien que le sol ait la même richesse dans les vallées du Saskatchewan et de la rivière de la Paix, le temps viendra où sur la surface de la Prairie se fera sentir la nécessité des engrais. L'élevage des troupeaux permettra de faire alors des pailles un usage plus judicieux.

On ne brûlera plus les pailles : on en fera du fumier.

Parce que les exploitations de la Prairie sont pour la plupart entretenues d'une façon primitive, est-il indiérent que celui qui se propose d'en établir une, connaisse peu ou ne connaisse point les pratiques de l'agriculture moderne ? Il n'est pas douteux que la connaissance, une grande connaissance même de l'agriculture perfectionnée, serait très utile dans la Prairie. Si le cultivateur commence son exploitation sans aucune connaissance agricole, ou s'il ne possède que celles qu'il a acquises sur la Prairie même, il sera bientôt dans des conditions défavorables, tandis que le fermier qui a apporté avec lui de bonnes traditions, trouvera dans son propre esprit de continuelles combinaisons, basées sur son expérience pour modifier utilement ses méthodes. Quoique le contraste marqué des saisons et l'inégale distribution des travaux annuels doivent certainement être cités comme un des points sur lesquels la Prairie diffère du vieux monde, néanmoins, le cultivateur de la Prairie doit tendre, lentement et sagement, à se rapprocher des meilleurs modèles de la culture européenne.

## I. — LE MANITOBA.

Lors de sa visite au Manitoba en 1877, lord Dufferin, gouverneur général, dans un discours prononcé à Winnipeg avait prédit l'avenir de cette nouvelle province. « Si l'on considère, avait-il dit publiquement, si l'on considère sa position géographique, la province du Manitoba peut être regardée comme la clé de voûte de cette arche puissante composée des provinces du Canada, et s'étendant de l'Atlantique au Pacifique. C'est ainsi que le Canada surgissant de ses forêts, découvrit, pour la première fois, ces immenses prairies et ce Nord-Ouest inexplorés; apprit, par une révélation inattendue, que ses territoires historiques, ses côtes maritimes du Nouveau-Brunswick, du Labrador et de la Nouvelle-Écosse, ses lacs et ses vallées du Saint-Laurent, ses champs de blé et ses pâturages, à eux seuls plus étendus qu'une demi-douzaine de royaumes d'Europe, n'étaient que les vestibules d'un vaste pays, dont on n'avait pas jusqu'alors pénétré les profondeurs, et dont les dimensions incommensurables confondent tous les calculs. »

La province du Manitoba n'est réellement que la frontière du Nord-Ouest. Elle s'étend du 96$^e$ au 99$^e$ méridien occidental, et du 49$^e$ au 53$^e$ parallèle nord. Elle était connue d'abord sous le nom d'établissement de la Rivière-Rouge. A la fin et à cause de la rébellion dont la Rivière-Rouge fut le théâtre, tout l'ensemble de ce vaste territoire fut élevé au rang de province et admis en 1870 dans le Dominion.

Quelques années avant la grande rébellion, le vicomte Milton, cité par le marquis de Lorne dans les *Canadian Pictures*, écrivait :

« Les cultivateurs de la Rivière-Rouge sont tous riches en troupeaux et en grains; ils en ont au delà de leurs besoins et vivent avec un confort relatif. Le sol est si fertile, qu'on sème année sur année du froment dans la même terre, et il rend de 50 à 60 boisseaux par acre, sans qu'il soit besoin d'aucun engrais. Les pâturages sont de la plus fine qualité et d'une étendue illimitée. Les innombrables troupeaux de buffles que nourrissait cette région l'ont bien prouvé; mais cette contrée du monde est privée de toute communication avec le reste de l'univers, si ce n'est pendant l'été avec le jeune État de Minnesota, et avec l'Angleterre par la Compagnie maritime qui porte des marchandises dans la baie d'Hudson une fois l'an. Supprimez le Minnesota par terre et l'Angleterre par mer, et les cultivateurs ne trouvent pas de marché pour leurs produits. »

C'est qu'en effet il n'y avait jadis, dans et pour le Manitoba, ni route ni communication d'aucune sorte. Les transports étaient assurés par les chars à bœufs de la Rivière-Rouge. Le char de la Rivière-Rouge qu'a décrit le marquis de Lorne est une machine très grossière, mais très ingénieusement fabriquée : car les roues sont ajustées sans un seul morceau de fer. Il craque horriblement, mais répond à ce qu'on attend de lui. Des caravanes de ces véhicules primitifs ont, pendant ces trente dernières années, porté les marchandises des Franco-Indiens de sang mêlé sur toutes les pistes de la Prairie, dans tous les coins de la Prairie, bien lentement, il est vrai. Pour donner un exemple des difficultés du transport, on mettait souvent quatre-vingt-dix jours pour se rendre à Edmonton.

Winnipeg est la capitale du Manitoba. Au temps de la rébellion, cette ville comptait 300 habitants. Onze ans plus tard, ce chiffre s'élevait à 9.000 ; il dépassait 21.000 en 1882, et aujourd'hui il atteint plus de 30.000 habitants.

Cette ville, qui occupe l'emplacement de l'ancien fort Garry, est très avantageusement située au confluent de la rivière Rouge et de la rivière d'Assiniboia. Elle formait un des principaux établissements de la Compagnie de la baie d'Hudson; et, bien qu'actuellement son fort soit malheureusement détruit, le souvenir de son rôle militaire survivra dans l'histoire pour avoir été le théâtre de cette insurrection des Franco-Indiens de demi-sang, que suscita Louis Riel pendant les années 1869 et 1870. La situation de Winnipeg et du Manitoba était alors pour ainsi dire inaccessible. Il fallut trois mois au colonel Wolseley pour atteindre l'insurrection, tandis qu'aujourd'hui, en moins de vingt-quatre heures, on se rend de Port-Arthur à Winnipeg par le réseau canadien du Pacifique. Les premières communications par voies ferrées avec Winnipeg datent de 1879 et passaient à travers le territoire américain, par la voie de Chicago. Le réseau de Saint-Paul, Minneapolis et Manitoba donna une grande impulsion aux affaires entre les États-Unis et le Canada; mais ce fut seulement en 1883 que fut complétée la voie entre Port-Arthur et Winnipeg et qu'on put arriver dans le Manitoba sans quitter le territoire canadien.

En effet, il y a quinze ans à peine, le Canada civilisé ne s'étendait guère au delà du bassin du Saint-Laurent. Pour se rendre de Montréal au Manitoba et au Nord-Ouest, il fallait descendre vers les grands lacs et remonter en canot d'écorce de bouleau sur les rivières et petits lacs jusqu'au lac Winnipeg qui occupe le centre du Manitoba, ou bien il fallait prendre la voie ferrée américaine de Détroit-Chicago-Saint-Paul pour gagner les bords de la Rivière-Rouge et atteindre le fort Garry, aujourd'hui Winnipeg. Du fort Garry aux Montagnes Rocheuses, on passait trois mois à traverser périlleusement la Prairie, inculte et solitaire. Le chemin de fer Transcontinental-Canadien-Pacifique a conquis le Manitoba, changé les destinées du Canada et justifié les prédictions enthousiastes de lord Dufferin.

Le nom de Manitoba signifie *la terre du Grand-Esprit* et il est d'origine indienne. Depuis sept ou huit ans, il est devenu familier aux agriculteurs des deux mondes.

Telle qu'elle est aujourd'hui définie et limitée, la province du Manitoba contient environ 9 millions d'acres de terres. Elle n'est cependant qu'une portion de cet immense territoire qu'on appelle la Prairie, que nous venons de considérer sous ces divers aspects, et qu'on a divisé en deux provinces : le Manitoba et le Nord-Ouest.

Au point de vue du climat, le Manitoba se trouve dans la même latitude que la Belgique et qu'une partie de la Prusse et de l'Autriche. Le Manitoba et les territoires environnants ressemblent, sous beaucoup de rapports, à l'Allemagne.

La température du Manitoba est très chaude en été et très froide en hiver; mais l'atmosphère claire et sèche de ses hivers rigoureux est plus salutaire que l'atmosphère humide des hivers plus doux qui règnent à l'est du continent. En somme, le climat est un des plus salubres du globe. A de certaines époques de l'année, la clarté du ciel rappelle les clartés sereines du ciel d'Italie. L'épaisseur moyenne de la neige, dans les prairies, ne dépasse guère 18 pouces. La neige fond et le labour commence quinze jours plus tôt dans le Manitoba que dans la région de l'Ottawa.

Sa superficie est de 123.000 milles, tandis que celle des îles Britanniques ne dépasse pas 121.115 milles;

mais, en revanche, sa population n'est que de 125,000 habitants, dont 30.000 à Winnipeg, sa capitale.

Durant l'année 1886, 20.000 Canadiens-Français sont rentrés des États-Unis dans le Canada. La plupart de ces Canadiens-Français se sont répandus dans le Manitoba et ont été suivis par quelques milliers d'Américains. Tandis que les Américains se rendaient au Manitoba en plus grand nombre que les Européens, on prétend que 45.000 habitants des anciennes provinces du Canada se sont dirigés vers la Prairie pour coloniser le nouveau territoire de la confédération.

Les autorités provinciales de Manitoba font tous leurs efforts pour hâter et favoriser le développement de l'agriculture. Le Manitoba possède un Ministère de l'agriculture, de la statistique et de l'hygiène, qui a publié, pour l'année 1884, un Manuel des actes et ordonnances de ce ministère. C'est un guide très utile pour les anciens comme pour les nouveaux propriétaires. Tous les ans, le département de l'agriculture public un Bulletin des récoltes; et comme il ne peut pas s'appuyer, comme dans le bas Canada, sur l'organisation des Sociétés d'agriculture, il se tient au courant par une correspondance avec une ou plusieurs personnes déléguées à cet effet dans chaque commune. Le Bulletin d'octobre 1886 comprend d'abord les observations faites par le Bureau de météorologie, puis le résumé des réponses touchant la situation de toutes les récoltes, enfin la liste des correspondants. Les Bulletins périodiques publiés à Winnipeg et la statistique agricole officielle publiée à Ottawa fourniront désormais des documents précis sur le dernier état des affaires agricoles dans cette nouvelle province, et il semble que ces affaires y

soient en grande voie de prospérité et très bien conduites par les autorités. Pour centraliser et distribuer les renseignements à cet égard, on a créé un Bureau et un Conseil d'agriculture. Le Bureau est composé d'un représentant pour chaque division électorale ; ses fonctions sont gratuites ; mais il reçoit une indemnité pour les réunions qu'il provoque. Le Bureau a pour attributions d'aviser le Ministre de tous les intérêts agricoles du pays, d'organiser des expositions agricoles et industrielles, et de se tenir au courant de tout ce qui peut améliorer l'agriculture de la province.

Le Conseil d'agriculture se compose de six membres du Bureau, élus chaque année. Ils ont plein pouvoir pour régler les dépenses du Bureau, et se réunissent toutes les fois que les circonstances le requièrent. Le Bureau a mission d'établir ou de diriger un collège de vétérinaires. Les élèves reçoivent des diplômes. Le Conseil peut autoriser la création de Sociétés agricoles dans toute division électorale qui n'en possède point. C'est à lui qu'incombe aussi la protection du gibier, et il publie la liste des animaux dont la chasse est prohibée en certaines saisons. La chasse des daims, antilopes, élans ou wapits, rennes ou caribous, et leurs faons, est interdite du 1$^{er}$ janvier au 1$^{er}$ octobre; les gallinacés, du 1$^{er}$ janvier au 1$^{er}$ septembre ; la loutre, le castor, le rat musqué et la zibeline, du 15 mai au 1$^{er}$ octobre; les martres, du 15 avril au 1$^{er}$ novembre.

Des vétérinaires sont officiellement chargés de veiller à l'exécution des règlements relatifs au service de l'hygiène et des épizooties. Aussi ont-ils autorité pour visiter les vacheries où pourraient se trouver des animaux atteints de maladies contagieuses. Sur leur rapport, l'administration peut faire publier dans les gazettes du Manitoba que telle ou telle localité est mise en quarantaine. Dans ce cas, celui qui transporte hors des limites fixées les animaux ou leurs dépouilles est passible d'une amende de 20 livres. La même pénalité atteint tout propriétaire éleveur, marchand ou vétérinaire qui, connaissant des cas de contagion, n'en donne pas immédiatement avis à l'administration qui siège à Winnipeg.

On sait que le Manitoba est surtout propice à la culture du blé. Blodgelt, l'économiste américain, soutient que le bassin de Winnipeg produit proportionnellement plus de blé que toute autre partie du continent américain. L'avoine, l'orge et, en général, toutes les céréales y viennent en abondance et de la meilleure qualité. Les patates, les tomates et les melons poussent en plein air : et ce fait est capital au point de vue du climat.

En 1883 , le froment occupait dans le Manitoba une surface de 269.841 acres, et le rendement moyen était de 21 boisseaux à l'acre, donnant un total de 5.638.365 boisseaux. En 1885, la surface avait augmenté de 18 pour 100.

On évalue à 450.000 acres, — maintenant environ 200.000 hectares, — l'étendue de terre cultivée en blé au Manitoba. Il y a quatre ans, on n'avait ensemencé que 94.000 acres. En supposant la moyenne de la production de 25 minots à l'acre, on ariverait à un total de 11.250.000 minots.

Dans un intéressant discours prononcé devant le Bureau d'agriculture du Manitoba, M. C.-J. Brydges a essayé de démontrer, par des chiffres officiels, que le coût de la culture en blé d'une acre de terre en Angleterre semblait être de 41 dollars 54 cents, ou 207 fr. 70; alors que la culture d'une acre en blé, au Manitoba, s'élevait au maximum à 9 dollars (45 francs). Est-ce vrai?

La Compagnie de l'élévateur de Winnipeg a déployé une grande activité et mérité le succès qui semble lui être assuré. On sait la fortune extraordinaire des élévateurs construits au petit hameau des chutes de Saint-Antoine sur le Mississipi. Ce hameau qui porta le nom de Minneapolis, et qui est devenu une grande ville, est le centre d'un pays producteur de blé qui n'a pas la moitié de la superficie du seul Manitoba. Il y a dix ans, ses élévateurs pouvaient à peine recevoir 100.000 minots de blé. Aujourd'hui ils peuvent en recevoir 12.000.000 (ou plus de 4.000.000 d'hectolitres). Quel avenir est réservé à l'élévateur de Winnipeg!

Le froment le plus avantageux paraît être, au Manitoba, le Red-type. Il a la demi-transparence de celui qui croît dans les steppes de la Russie, et cependant il est originaire d'Écosse. Le maïs est peu cultivé. La courte durée de l'été et la fraîcheur du printemps ne laisseraient pas au maïs le temps de mûrir.

Les houblons indigènes croissent à l'état sauvage dans presque toutes les parties de la province, et sont les seuls dont usent les habitants. L'opinion générale est que cette culture réussirait parfaitement, au point de vue du rendement comme de la qualité; mais il faut tenir compte des questions de marché et de main-d'œuvre. L'espèce indigène est d'une qualité si excellente, que le perfectionnement de sa culture serait probablement plus profitable que l'introduction des variétés cultivées dans l'Ontario. D'autre part, il est à craindre que les grands vents qui soufflent fréquemment dans la prairie ne gênent cette culture, qui a besoin d'endroits abrités.

Bien que le Manitoba abonde en fruits sauvages, la culture des fruits n'y a pas été négligée. Les fruits répandus sont le groseillier, le framboisier, l'arbousier, le prunier, le pommier. Les pommiers n'ont pas très bien réussi : peut-être les plants provenaient-ils de régions trop méridionales. On espère mieux réussir avec ceux que l'on attend de Russie.

On cultive cependant la pomme avec avantage dans l'État voisin du Minnesota, et il est certain que le climat du Manitoba est aussi favorable que celui du Minnesota.

En 1881, M. Clare Read visitant une ferme du Manitoba disait : « Nous trouvâmes trois espèces de melons, des concombres, des haricots verts, des fraises, des framboises et des raisins de conserve. »

Une loi ordonne la destruction des plantes nuisibles. Parmi ces dernières, notons la moutarde sauvage et le chardon du Canada. Malheureusement les lois ne peuvent préserver le Manitoba et le Nord-Ouest des ravages parfois terribles de la mouche de Hesse (*cecydomia destructor*) et de la sauterelle des Montagnes Rocheuses (*caloptenus spicatus*). En 1872, 1874, 1875 et 1876, les sauterelles causèrent de grands dommages. Des milliers de sauterelles se noyèrent dans le lac Winnipeg dont les eaux exhalèrent une odeur fétide pendant longtemps.

L'élevage des chevaux s'accroît en proportion de l'abondance croissante des grains. L'absence de voies ferrées et de marchés voisins a jusqu'à présent entravé le développement de cette industrie dans certaines parties de la province. On comptait, dans le Manitoba, en 1884, 20.000 chevaux et 178 étalons classés sous les dénominations suivantes : Franco-canadien, Clydesdale, Coach, Mixed, Heavy Draught, Percheron, Blood, Roadster, général Purposes.

L'élevage des bestiaux est en grand progrès, et, indépendamment des troupeaux indigènes, il y avait, à la même époque, dans la province, 64.000 têtes de bétail, parmi lesquelles se distinguent les Durhams, les Ayrshires, les Grades, la plus grande proportion appartenant à ce dernier groupe. Cette espèce Grade est l'espèce du pays : elle a été l'objet de croisements continuels avec les reproducteurs de races anglaises : Shorthorn, Hereford, etc

La laiterie est exploitée autant que l'état du pays le permet. La production du beurre excède de beaucoup la consommation dans la plupart des communes. On fait très peu de fromage en dehors de celui qui est consommé à la ferme, bien que presque tous les fermiers connaissent cette fabrication.

Pas beaucoup de moutons au Manitoba. En 1884, le nombre des moutons au Manitoba était de 8.400. Ils appartenaient aux espèces dites mérinos Leicester, Cotswold et South-Down. Bien que peu importante, cette quantité de moutons est proportionnée à la consommation locale de viande et de laine. C'est toujours l'absence de débouchés qui maintient la production ovine dans des conditions aussi peu brillantes. Les membres du Bureau agricole sont d'avis que l'élevage du mouton serait avantageux dans un pays où se trouvent de belles prairies, un air sec, un été tempéré, un hiver sans pluie et sans tourbillons de neige, et que cette industrie serait très profitable à la culture des céréales. On objecte cette difficulté de tenir les moutons parqués dans leurs fermes respectives, parce que les clôtures en fil d'archal, les seules dont on se serve dans le pays, gâtent la laine ; mais pourquoi n'aurait-on pas recours à des chiens de berger ? Il est plus malaisé de pourvoir pendant l'hiver au logement des moutons, qui ne peuvent pas rester à la belle étoile dans un pays couvert d'un pied de neige et plus.

Le 1er juillet 1884, il y avait au Manitoba près de 45.000 porcs Berkshire, Suffolk, Yorkshire, Chester et Poland-China. En 1883, seulement 28.000. Le nombre des pur sang est plus limité en proportion. Chaque fermier garde le nombre de porcs nécessaire pour l'usage de sa maison, et dans fort peu de districts on en élève plus qu'on n'en consomme. Cet élevage s'augmentera avec les voies ferrées, et l'on compte bien faire de Winnipeg une usine à porcs, comme celle de Chicago, qui se trouve seulement à un millier de milles au sud-est.

On élève beaucoup de volailles dans le Manitoba, et les œufs sont très recherchés. Le commerce commence à les porter sur les marchés de l'Ontario et de Québec. Ce sont les poules qui dominent, et dans nombre d'endroits elles forment de véritables troupeaux. On nourrit aussi avec profit des dindons, des oies et des canards. On les abrite l'hiver dans les rez-de-chaussée des maisons ou dans les étables : sans quoi les pertes seraient fortes. Les fouines, les renards, les belettes en font souvent de grands carnages.

La santé est généralement satisfaisante, et sauf quelques cas isolés de morve chevaline, aucune maladie spéciale ne frappe les animaux. En 1883, les bestiaux avaient souffert d'enflures dans la gorge, qui disparurent avec le printemps. Beaucoup de truies et leurs portées furent perdues, parce qu'elles avaient été trop bien nourries avant de mettre bas, l'abondance du froment d'inférieure qualité ayant provoqué d'imprudentes distributions. Au point de vue de l'hygiène du bétail, les cultivateurs sont fort inexpérimentés, et auront besoin de beaucoup étudier s'ils veulent réussir et prospérer.

Le nombre total des exploitations dans le Manitoba était, en 1884, de 9.208, occupant chacune 279 acres.

Voici ce que M. Fream dit au sujet de la main-d'œuvre : « Au mois de juillet 1884, grande demande de bras, surtout dans les anciens comtés. Dans beaucoup de localités, on embauche, quand on peut, des hommes depuis les semailles jusqu'à la fin du labourage et du battage, mais la plus grande demande se produit pendant la fenaison et la moisson. Rarement on a besoin d'aides toute l'année ; mais dans les nouvelles communes où les fermiers sont peu nombreux, les bras sont remplacés par les machines, et la moisson est faite sans qu'on ait besoin de moissonneurs. Les gages payés dans les fermes, avec la nourriture, varient de 3 liv. st. 12 sch. à 6 liv. st. par mois. Il est très difficile d'obtenir des servantes de ferme, parce qu'elles préfèrent rester dans les villes et les grandes cités. Leurs gages varient de 1 liv. st. 14 sch. à 4 liv. st. par mois. »

Les forêts sont réparties d'une manière fort irrégulière dans tout le Manitoba. Des communes n'en possèdent point, tandis que d'autres ont des bois pour plus de cinquante ans, et même pour toujours, si on les protège contre les incendies. Généralement, on les enclôt à l'aide de barrières en fil de fer, parce que ce système exige peu de frais. Dans quelques endroits, le bois doit être apporté de très loin : ce qui devient, pour les besoins du ménage, une question sérieuse. Dans le Manitoba méridional, cette question sera résolue, lorsqu'un embranchement du Canadien-Pacifique aboutira aux houillères de la Souris. Les essences de bois les plus communes sont le peuplier, le chêne, l'érable, l'orme, le baume de Gilead, le frêne, le bouleau, le saule, le pin, le tamarin, le cerisier, le coudrier, le prunier, l'aubépine et le bois de fer. Des plantations commencent à être suivies avec un ensemble de bonnes résolutions.

Dans les parties du Manitoba et des territoires du Nord-Ouest, où le bois n'existe pas en grande abondance, la nature l'a remplacé par la houille. Le Manitoba méridional tire son bois des monts Turtle de Brandon-Hills, et tout le long des rives de la rivière Souris. Le Manitoba, qui longe le *South-Western-Railway* jusqu'aux houillères de la Souris, lesquelles s'étendent jusqu'à quelques milles de cette voie ferrée, procure de la houille à toutes les stations.

Dans cette partie de la province du Manitoba, qui est située au nord d'Assiniboia et de Qu'Appelle-River, on trouve une certaine quantité de bois, et quelques parties sont très richement boisées. Cette portion du district d'Assiniboia, qui est au sud de Qu'Appelle et de South-Saskatchewan-Rivers, est amplement fournie de bois et de charbon.

On trouve du bois en quantité dans toutes les parties du district d'Alberta, à l'exception de celles qui sont au sud-est de Belly et Saskatchewan-Rivers. Là, comme en général dans toutes les parties des territoires du Nord-Ouest, on ne trouve ni bois ni charbon. Sur la rivière de Belly, sont situées les houillères, généralement connues sous le nom de *Gall-Coal-Mines*, appartenant à la *North-Western coal and Navigating Company*, laquelle a extrait et vendu ces années dernières environ 9.000 tonnes de charbon. Cette Compagnie a construit une ligne ferrée de Lethbrige, où sont situées les mines, à Dunmore, sur la ligne du Pacific-Railway (108 milles), à l'aide de laquelle on peut fournir de la houille à Winnipeg et aux villes situées sur le parcours du Pacific-Railway à des prix modérés. On exploite également la houille à Medicine-Hat sur le Pacific-Railway et à Edmonton sur la North-Saskatchewan-River; avant peu, on l'exploitera sur plusieurs autres points.

Tout le district du Saskatchewan est abondamment fourni de bois de construction et de bois à brûler. La partie ouest possède de riches houillères.

De vastes dépôts d'anthracite de première qualité ont été découverts sur la ligne du Canadian-Pacific-Railway, à peu de distance de l'ouest de Calgary, et des capitalistes se sont entendus pour donner un grand développement à cette exploitation.

## II. — LE NORD-OUEST.

Le voyageur qui quitte Winnipeg et se dirige vers l'ouest sur le Canadien-Pacifique, remarque que, pendant 25 milles, on ne voit pas trace de culture. La terre appartient à des spéculateurs qui attendent une plus-value pour réaliser. Dans le patois du pays, dit M. Fream, on les nomme *boomsters* (haussiers). Voici les florissantes cités de Postage-la-Prairie et de Brandon, et après une course de 100 milles sur le second plateau des prairies, on entre dans le grand Nord-Ouest. Si récent que soit le peuplement du Manitoba, le peuplement du grand Nord-Ouest est plus récent encore. En 1882, le tracé du chemin de fer Canadien-Pacifique s'avançait à travers cet immense territoire, comme à travers un désert. Cependant, en prévision de l'accroissement de la population, le grand Nord-Ouest avait été divisé en quatre districts provisoires : Assiniboia, Alberta, Saskatchewan et Athabasca. Le plus grand est Assiniboia, dont la capitale est Regina, siège du gouvernement du Nord-Ouest et quartier général de la police montée du Nord-Ouest. Cette police montée est chargée d'assurer la paix et la sécurité de la prairie. Assiniboia possède les villes de Moosomin, Broadview, Qu'appelle, Moose-Jaw et Medicine-Hat. C'est à Qu'appelle que se trouve l'importante ferme de l'évêque Ausas, dans laquelle on instruit les colons de la province. De Manitoba, le chemin de fer traverse Assiniboia sur une longueur de 500 milles et entre dans Alberta, qui confine au sud avec les États-Unis, au nord avec Athabaska, à l'ouest avec les Montagnes Rocheuses, et à l'est avec Assiniboia et Saskatchewan, ce dernier au nord du premier. D'Alberta, le chemin de fer entre dans la province du Pacifique ou Colombie anglaise, et atteint son point le plus élevé, 5.300 pieds au-dessus du niveau de la mer, dans le magnifique col de Kicking-Horse. Si la ligne passait à l'ouest au lieu de tourner au nord-ouest, elle traverserait en plein cœur les pays de pâturages qui s'étendent au sud jusqu'à Calgary. Cette ville est la principale du district d'Alberta; les autres villes sont Fort-Mac-Leod et Edmonton; dans le Saskatchewan, on doit citer Battleford et Prince-Albert.

L'étendue des territoires du Nord-Ouest, les événements dont ils ont été le théâtre, l'avenir que tout le monde leur a supposé, ont attiré l'attention publique sur le mode d'administration de cette vaste contrée.

Cette législation date de 1880.

Dans l'acte 43 Victoria, chapitre 25, il est décidé que, si une contrée de mille milles en superficie, soit un carré de trente-trois milles de côté, enferme mille habitants adultes, elle aura le droit d'élire un représentant au conseil.

Sont électeurs et éligibles, tous ceux qui sont parvenus à l'âge de la majorité, qui sont sujets britanniques, et ne font pas partie des bandes indiennes placées sous l'administration spéciale du gouvernement.

On exige, en outre, une résidence de douze mois avant l'inscription sur la liste électorale.

Si la population capable de voter atteint le chiffre de deux mille, le lieutenant gouverneur donnera l'ordre d'élire un second représentant du district.

Quand les membres élus auront atteint le chiffre de vingt et un, ils formeront une assemblée qui remplacera le conseil actuel et en aura tous les pouvoirs et, de plus, les attributions ordinaires des Chambres provinciales. A cette époque, les membres seront élus pour deux ans. Jusqu'à ce que le chiffre des membres ainsi élus soit de vingt et un, le Conseil se compose, en dehors des représentants directement nommés par les électeurs, des magistrats de police actuellement au nombre de quatre, et de deux autres membres choisis directement par la Couronne.

Les ordonnances du Conseil doivent être approuvées par le gouverneur général.

C'est ainsi que s'est constituée récemment l'administration toute spéciale des territoires du Nord-Ouest.

Le recensement qui vient d'être terminé au Nord-Ouest nous fait connaître aussi exactement que possible la population qui habite ces territoires.

Voici les principaux chiffres :

District d'Assiniboia. — Population totale : 22.083. — Blancs, 10.574. Métis, 1.017. Sauvages, 4.492.

District d'Alberta. — Population 15.583. — Blancs, 4.878. Métis, 1.237. Sauvages, 9.418.

Calgary et Red Deer ont une population de 5.467 habitants.

Edmonton, 5.516.

Mac Leod, 4.450.

District de la Saskatchewan. — Population : 10.745. — Blancs, 1.892. Métis, 2.594. Sauvages, 6.220.

Prince-Albert : 5.373. — Battleford : 3.903. — Rivière Carrot : 1.770.

La population totale des trois districts Assiniboia, Alberta et Saskatchewan est de 43.362 âmes, dont 27.113 hommes, 21.249 femmes ; 23.344 blancs, 4.848 métis et 20.170 sauvages.

On peut juger par ce recensement du petit nombre de bras dont peut disposer l'agriculture et quelle révolution s'accomplira peu à peu lorsque les territoires du Nord-Ouest seront connus et occupés.

Pour encourager la construction des réseaux ferrés, le gouvernement du Canada, imitant le gouvernement des États-Unis, accorde des concessions de terres aux nouvelles Compagnies, de sorte que ces dernières, aussi bien que le gouvernement, se trouvent en mesure d'offrir des terres aux émigrants. Le Manitoba et la Compagnie du Nord-Ouest ont, actuellement, 2.750.000 acres, sur lesquelles, en 1884, ils ont acquis le droit d'en vendre 512.000. La Compagnie vend des bons de terres qui autorisent l'acquéreur d'une ou de plusieurs sections de 160 acres à choisir lui-même des terrains dans toutes les terres de la Compagnie qui ne sont pas encore vendues.

Le gouvernement garantit au Canadien Pacifique, indépendamment d'autres avantages, les terres bordant les deux côtés de la voie, formant une bande de 24 milles de large, sur les lignes du Manitoba et du Nord-Ouest. Ces terres sont offertes au prix de 100 francs l'acre, si elles se trouvent dans des conditions requises pour une bonne culture.

Le vicomte Milton et le Dr Cheadle, qui se trouvaient, en avril 1863, au fort Pic, décrivent ainsi le pays :

« Le temps était très beau et très clair, et la neige avait disparu ; des vols d'oies et de canards passaient continuellement, et le bruit de leurs ailes, dans leur course vers le nord, ne décessait pas toute la nuit, à ce point qu'il empêchait de dormir. Le caractère général du paysage était la variété des mêmes aspects, prairies à perte de vue, lacs ou marais, excepté pendant une journée de voyage où nous traversâmes une région stérile et glacée.

C'était une plaine nivelée et bordée par un amphithéâtre de hauteurs dénudées ; mais au delà, à un endroit nommé la Source (à cause d'une rivière qui jaillit du sol), le paysage reprend son premier aspect. »

Ces intrépides voyageurs n'étaient pas moins enthousiastes lorsqu'ils se trouvaient dans les environs d'Edmonton :

« Tout ce pays est destiné à un grand avenir et deviendra avec le temps une des dépendances les plus fécondes de l'Angleterre.

« Il faut seulement le temps, pour qu'on puisse découvrir, voir, connaître et juger.

« Nous entrons dans un fort glorieux pays, pas très pittoresque, mais destiné à devenir riche et peuplé, un pays de collines ondulées et de fertiles vallées, de bois et de cours d'eau, de bosquets de trembles et de bouleaux, de prairies en miniature. La terre est d'excellente qualité et pleine de promesses pour celui qui viendra s'y établir, lorsqu'une politique libérale mettra au jour des richesses dont on ne s'occupe point et qui sont inconnues. »

Les chemins de fer font peu à peu disparaître les anciennes caravanes de chariots, tirés chacun par seize à vingt bœufs, qui étaient le moyen le plus usité pour transporter les approvisionnements et les marchandises d'un fort à l'autre. On se servait ordinairement, à défaut de routes, des pistes indiennes tracées en ligne directe. Lorsque le sol de la prairie est sec, on peut s'y hasarder sans crainte. Nous avons déjà dit cela.

L'hiver, la terre est gelée à 6 ou 7 pieds de profondeur. Lorsque les couches supérieures dégèlent, il se produit un courant d'humidité qui, se combinant avec la chaleur de l'atmosphère, forme une sorte de fumier naturel qui contribue largement à la rapide croissance de la végétation.

Il y a un court été qui favorise une rapide végétation : les pommes de terre et les autres racines en profitent pour venir à maturité dans le district d'Alberta et dans tout le Saskatchewan.

Malgré le long et rude hiver de cette contrée, le climat est non seulement tolérable, mais fortifiant, et ceux qui vont à la Prairie avec une santé chancelante s'en trouvent bien. La plupart des colons ont commencé avec un capital inférieur à 200 liv. sterl.; quelques-uns à 100, ou même avec rien. Tous ont amélioré leur position; quelques-uns notablement. La plupart de ces immigrants sont venus de l'Ontario ou des autres provinces orientales du Canada. D'Europe, les nouveaux venus appartiennent tous aux Iles-Britanniques ; mais le pays n'est pas encore assez connu pour qu'on puisse faire sur un aussi grand espace un départ intéressant entre les premiers occupants. Cela viendra.

Beaucoup des immigrants du Nord-Ouest sont pauvres et commencent avec des bœufs seulement, n'ayant pas les moyens de se procurer des chevaux. La culture est des plus simples dans la Prairie, et, avec les mauvaises charrues dont on se sert, l'habileté du laboureur n'a pas l'occasion de briller.

On dit que le rendement par acre, en froment, varie de 25 à 40 boisseaux; mais la moyenne est de 30.

Il est difficile de se procurer des informations sur la culture du Nord-Ouest, car ce territoire est tellement vaste, qu'il échappe à tout contrôle officiel; il était autrefois sous la juridiction de la Compagnie de la baie d'Hudson, et depuis deux ans seulement l'émigration a franchi ses frontières. On appelle encore aujourd'hui ce territoire le *grand désert*, quoi qu'il soit sillonné par un chemin de fer. Le grand désert est particulièrement au Nord dans le district d'Athabasca.

En ce moment, les spécimens les plus remarquables de l'agriculture du Nord-Ouest sont, dans Assiniboia, les *Bell farm*, les fermes expérimentales qui s'élèvent sur le réseau Canadien-Pacifique, et les *Cattle ranches*, les établissements de gros bétail dans les environs d'Alberta. Ces établissements nous montrent, dans des conditions nouvelles et sur un autre terrain, ce qu'on peut faire du Canada, et la concurrence qui menace l'Europe dans ces espaces inoccupés où la terre nous réserve de singulières surprises.

*Bell farm.* — Il n'est pas dans le Nord-Ouest d'entreprise plus connue par l'Angleterre, que la grande exploitation de blé nommée *Bell farm*, de son fondateur le major W.-B. Bell. Elle est située sur le Canadien-Pacifique à Indian Head, dans l'Assiniboia, à 312 milles de Winnipeg. Elle est comprise dans les opérations de la Compagnie des fermes de la vallée de Qu'appelle, au capital de 120.000 liv. sterl., divisé par actions de 20 liv. sterl., donnant 4 pour 100 de revenu. Elle occupe une surface de 54.000 acres : d'autres disent de 60.000 acres, et a été organisée en 1882. Sa première récolte est de 1883, et la seconde était en progrès en 1884.

L'exploitation est partagée en cinq divisions : centrale, nord, sud, est et ouest. La maison d'habitation du major Bell est simple et confortable. Chaque soir, à huit heures, le major Bell téléphone de son habitation les instructions pour le travail du lendemain ; et comme ses instructions sont reçues par tous les contremaîtres, il y a peu de chance qu'elles soient mal comprises.

Le rapport de 1883 constate que pendant cette année on n'a fait que bâtir. Les cottages sont solidement construits et couverts de toitures métalliques. Ils sont divisés en quatre ou cinq pièces, et plusieurs de ces habitations sont occupées par des ménages. Chaque cottage, avec l'étable qui y est annexée, coûte environ 160 liv. sterl. Un grenier fixe, capable de recevoir 4.000 boisseaux et quatorze greniers portatifs, servent de dépendance au magasin général. Le Canadien-Pacifique a fait construire un élévateur où 50.000 boisseaux peuvent s'emmagasiner à la station d'Indian-Ead. On ne cesse d'établir des haies, et on travaille à planter des arbres le long des grands chemins. C'est le Beautifat qui fournit l'arrosage de la ferme. Il est inépuisable. Des sources d'excellente qualité donnent l'eau destinée à la consommation des hommes et des animaux.

Les grosses dépenses de 1883 se sont élevées à 35.546 liv. sterl.; et depuis la fondation, le total général a été de 50.543 liv. sterl. En 1884, il y avait 7.000 acres ensemencées en froment, et, en 1885, on se promettait de porter ce chiffre à 14.000. Mais les événements du Nord-Ouest paraissent avoir réduit le commerce de la culture du blé. La moisson se fait ordinairement à la mi-août. La variété cultivée est le Red type ou n° 1 dur. Le sol de Bell farm est un terrain riche, profond, avec un sous-sol d'argile. L'outillage à vapeur comprend sept machines à battre avec leurs accessoires; il n'y a pas moins de 100 charrues et un grand nombre de semoirs, 50 au moins. Une charrue, attelée de 3 chevaux, et pénétrant à 16 pouces de profondeur, peut labourer 2 acres par jour, au prix de 8 schellings par acre. En 1884, il y avait environ 200 chevaux, et ceux qui n'étaient pas occupés à la moisson servaient au labourage. L'absence de bois et le prix élevé du charbon empêcheront qu'on n'ait recours au labourage à la vapeur.

Dans cette très grande exploitation de blé, on ne trouve de bétail qu'en très petit nombre, environ une centaine de vaches et quelques centaines de porcs, destinés principalement à la nourriture du personnel. En été, les gages d'un ouvrier sont de 30 schellings par semaine, tout compris. Les employés à l'année ont un cottage avec une acre de terre, 36 schellings par semaine l'été, et 30 l'hiver. Il y a cinq contremaîtres : un premier, avec 52 schellings par semaine, tout compris, et quatre autres à 40 schellings par semaine, tout compris.

Outre les 2.000 acres qui constituent Bell farm, la Compagnie de la vallée Qu'appelle vend ses terrains en sections de 213 à 2.560 acres sans conditions, depuis 1 liv. sterl. 12 schell. jusqu'à 3 liv. par acre.

Un fait très important pour l'avenir de ces contrées est la création du Collège d'agriculture de Qu'appelle. Ce Collège a été établi sur une partie de la ferme Bell, et la direction en a été confiée au professeur Henry Tanner, qui s'est déjà signalé par des publications fort intéressantes sur l'agriculture du Canada. En même temps, et dans une autre portion du Nord-Ouest, à Batle, le Dr Barnard fonde aussi en ce moment une ferme d'instruction pour les jeunes gens et les jeunes filles. Cette ferme aurait environ 2.000 hectares, et son organisation ressemblerait beaucoup à notre colonie de Mettray.

*Fermes expérimentales du chemin de fer Canadien-Pacifique.* — Les efforts que fait la Compagnie du Pacifique-Canadien pour coloniser les terres situées le long de son immense voie ferrée promettent d'être couronnés de succès, aussi bien du côté des États-Unis, par la formation de la Société de colonisation dans les villes de Lowel et de Lawrence, que dans les parties plus éloignées et plus solitaires du Nord-Ouest.

Le bruit ayant couru que le long de cette ligne, dans la troisième steppe qui s'étend de Moose-Jaw à Calgary, plus de 400 milles de terres étaient alcalines, et par conséquent impropres à la culture, l'administration du chemin de fer se décida à y établir un certain nombre de fermes expérimentales, destinées à fixer l'attention des voyageurs, à favoriser la vente de ses terrains et la création d'établissements agricoles. Les expériences furent commencées le 12 octobre 1883. Cinq stations furent établies, et le sol se trouve être excellent. Le rendement de ces fermes a été en moyenne, par acre, de 21 boisseaux de froment, de 44 1/2 d'avoine et 23 1/2 d'orge. Sauf deux exceptions, la moisson a été terminée en août, bien qu'on n'eût commencé à semer qu'en mars. Le peu de temps que le grain a mis à sortir de terre doit être signalé. Dans chaque ferme, une acre avait été réservée pour expérimenter les résultats des semences d'automne. Ces résultats doivent être considérés comme favorables, surtout si l'on considère les procédés sommaires de culture qui ont été employés pour les obtenir.

*Terres alcalines.* — Il est certain que certaines terres dans les abords du Pacifique Canadien sont alcalines. Ces terres semblent devoir leur origine à une accumulation d'eau dans des endroits ou le sol contient de l'alumine en excès; l'évaporation des eaux laisse à sec des matières salines. On peut cultiver ces terres avec succès, en les drainant et leur donnant un labour profond; puis on enlève l'excès d'alcali, en y semant des céréales dans la saison humide. Le froment absorbe beaucoup d'alcali; au bout de quelques années, les terres soumises à ce régime peuvent être employées à d'autres usages, et sont souvent les meilleures parties d'une ferme. Outre une certaine quantité de phosphate de chaux, elles sont surtout remarquables par les quantités de carbonate de soude qu'elles renferment.

*Cattle ranches (vacheries) d'Alberta.* — Bien qu'il se trouve des pâturages et des bestiaux dans les diverses parties des territoires du Nord-Ouest, les plus riches pâturages s'étendent autour de la montagne de la Tourterelle, dans la vallée du Saskatchewan méridional, et dans le district de la rivière l'Arc (Bow river), au sud de Calgary. Les ondulations et les coulées du pied des Montagnes Rocheuses flanquant les sommets élevés qui regardent l'ouest, fournissent une riche nourriture aux bestiaux dans les contrées bien arrosées, et les vents chauds de la côte du Pacifique soufflent à travers le Kootenay, le Crow's Nest, la Bow river et autres passes. C'est au sud d'Alberta, qu'on rencontre les plus beaux ranches canadiens.

Au printemps de 1881, le nombre des bestiaux dans ce district n'excédait pas 3.000 têtes; un an après, par suite de nouvelles importations, il dépassait 15.000, et depuis il n'a cessé de s'accroître. Le gouvernement canadien accorde des portions très considérables de ces herbages contre une rente de 1 pour cent par acre : le preneur s'engageant à mettre, en trois ans, sur sa concession, une tête de bétail par 10 acres de terre. Par bétail, on entend taureaux, bœufs, vaches ou chevaux d'au moins un an. Le bail est de vingt et un ans, et pendant cette période le preneur ne peut pas donner à la terre une autre destination ou y élever des moutons sans une permission écrite du ministre. Si, dans ce laps de vingt et un ans, le gouvernement changeait d'avis sur la destination qu'il convient de donner à ces terres, il pourrait les reprendre, en avertissant deux ans d'avance le preneur. Les locations sont limitées à une superficie de 100.000 acres, dont généralement toute l'étendue est louée.

C'est ainsi que la *British and American Ranch company* constituée au capital de 200.000 piastres a affermé, pour vingt ans, 100.000 acres de ce plateau au prix de 1 cent par acre, et qu'elle y a établi le centre de son exploitation.

Pour ce genre d'exploitation, les hivers humides, les grosses neiges, sont défavorables au bétail ; mais, heureusement, si les hivers sont rigoureux, ils sont généralement secs. On se sert des chariots et des voitures toute l'année, et l'on recourt très rarement au traîneau.

Bétail et chevaux peuvent pâturer toute l'année, au moins jusqu'au 52° degré de latitude et 110° degré de longitude, et c'est la limite des ranches du côté de Calgary. Il faut, pour établir un bon ranche, 20 à 30.000 hectares. Les limites des divers ranches ne peuvent pas être marquées, parce qu'il faudrait trop de haies. Chaque troupeau porte la marque de son propriétaire et va où bon lui semble. Au milieu de l'année, on réunit les troupeaux et les animaux marqués, et on les compte. Les veaux sont considérés comme la propriété du ranche dans lequel se trouve la vache. Après cette opération, les animaux non marqués sont vendus, et le produit en est envoyé à la Société des Stockholders.

Cochrane est une station du Pacifique Canadien, à une vingtaine de milles de Calgary. Le ranche de Cochrane est un des plus connus. Il occupe une superbe prairie, et les têtes de trois ans, qui pèsent de 1.200 à 1.300 livres, valent 13 liv. sterl. sur le ranche même. Cependant, MM. Cochrane ont fait, il y a deux ans, une cruelle expérience. Ils avaient acheté 4.000 têtes de bétail dans un ranche de Montana, pour les mettre dans le ranche de Cochrane un certain jour d'octobre; mais ils avaient oublié de fixer le moment auquel le bétail devait commencer le voyage, et comme ils s'y prirent trop tard, ils durent surmener le troupeau pour le faire arriver au jour dit. Le troupeau arriva exténué. Le bétail peut voyager à raison de 10 à 15.000 milles par jour à travers les prairies; mais il ne faut pas lui demander plus. La neige tomba en grande abondance après l'arrivée du troupeau acheté par MM. Cochrane. On comptait sur le vent du Chinook pour sécher la terre; mais il ne vint pas; la neige resta, et, en quelques semaines, il périt plus de 1.000 bêtes. Les nouveaux arrivés succombèrent les premiers.

On doit ajouter que cet hiver fut très rude, et qu'il se perdit plus de bétail dans les États de l'Ouest qu'au nord du 49e parallèle. Le ranche de Cochrane a été depuis reculé au sud de la passe de Kootenay, et, les hivers, à Cochrane, on ne perdait pas plus de 1 pour 100 contre

6 pour 100 à Montana, et plus encore dans le Rio-Colorado. Beaucoup de ces troupeaux sont de vieille race espagnole ; mais dans le ranche de Cochrane, on trouve des taureaux demi-sang courtes-cornes, Hereford et surtout Polled-Angus ; ils viennent des troupeaux de MM. Cochrane dans le bas Canada. Un voyage de 3.000 milles par eau et rail-way les amena à Fort-Benton, sur le Missouri, à 400 milles du ranche. Ils franchirent cette distance à pied; mais à leur arrivée, les courtes-cornes étaient dans un piteux état. Les Herefords ne valaient guère mieux : les Polled-Angus se portaient parfaitement et ne donnèrent pas signe d'affaiblissement pendant les rudes hivers de 1882 et 1883. On attribue 1 taureau à 100 vaches. Ordinairement le taureau suit le troupeau, bien que dans quelques ranches les taureaux soient séparés des vaches d'avril à août.

La vie du cow-boy, que les Espagnols nomment *vaquero,* est nécessairement rude et sauvage, car ce gardien des troupeaux passe la plupart de ses journées en selle. Tout est mexicain dans son bagage, qui se compose d'une selle californienne avec *tapaderos* (harnachement complet) et une carabine à l'arçon, une paire de houzeaux, une paire d'éperons mexicains, une couverture et un chapeau à larges bords ou *sombrero.*

Son existence est dure, mais romanesque. Il vit en plein air avec son troupeau et chevauche tout le jour dans une splendide contrée. Les cours d'eau sont peuplés de truites; poules de prairie grasses, canards et oies sont au bout de son fusil. Rien de plus intéressant que de voir le cow-boy à l'œuvre, sur son poney intelligent et bien dressé, séparant d'un immense troupeau l'animal effaré, et courant continuellement autour de lui, le jour où l'on procède à une ferrade générale. Rien de plus imposant que le spectacle d'un troupeau traversant une large et rapide rivière : un ou deux vieux taureaux s'enfoncent dans l'eau jusqu'aux genoux, commencent par s'effrayer et essayent de reculer; mais la masse du troupeau pèse sur eux, entraînée par une douzaine de cow-boys hurlant et faisant claquer leurs fouets dans un nuage de poussière; les bêtes de devant sont forcées d'entrer au plus profond, et bientôt se mettent à la nage se dirigeant alors hardiment vers la rive voisine; le reste suit, tandis que les cow-boys s'élancent dans le courant pour les maintenir. Les veaux viennent les derniers avec les cow-boys chevauchant à l'arrière-garde; pendant le temps où les premiers arrivés gravissent la berge opposée, la masse du troupeau se débat confusément au milieu du courant; un couple d'hommes galope le long de la rive, s'élance dans la rivière, prend la tête et, en quelques minutes, toute la bande est en sûreté et en bon ordre de l'autre côté de la rivière.

Southern-Alberta a maintenant fait ses preuves. Il est démontré que ses pâturages les plus médiocres surpassent les meilleurs du district de Montana, et quelques-uns des principaux rancheros de ce district commencent à diriger leur attention sur Alberta. On prévoit que, non seulement cette contrée est appelée à fournir de bœufs et de moutons les provinces orientales du Canada, mais encore les marchés anglais. Il y a deux ans, 12.000 moutons, dont 8.000 en un seul troupeau, sont venus de Montana, et il en vient toujours. Les 6.000 chevaux d'Alberta étaient estimés

80.000 liv. sterl., et les *rancheros* font tous leurs efforts pour en améliorer la race, en faisant venir d'Europe des étalons percherons et Clydesdale. Le bétail de race bovine était déjà évalué, en 1884, à 375.000 livres. Les épizooties sont entièrement inconnues, et, bien que les animaux soient habitués à passer l'hiver en plein air, une Société, celle du North Western Live Stock, se propose d'élever des constructions d'hivernage et d'enclore peu à peu les terres ; mais beaucoup de propriétaires de ranches sont d'avis qu'il ne faut pas se préoccuper des neiges prolongées, si l'on a eu soin de faire d'abondantes provisions de fourrage.

Il convient de remarquer que la production du beurre d'Alberta ne suffit point à la demande locale au prix de 1 schel. 5 den. la livre. La fabrication du fromage n'a pas encore commencé, mais on se propose de l'entreprendre prochainement.

Les terres des environs de Calgary (N.-O.), appartenant au gouvernement et au Pacifique-Canadien, s'achètent rapidement pour le compte de différents capitalistes. En décembre 1886, l'agent du gouvernement a vendu 640 acres, et pendant le même mois, les demandes ont porté sur près de 4.000 acres. Nous voulons indiquer seulement le mouvement de l'opinion publique.

Un éleveur de Calgary dit qu'au moins 30.000 têtes de bétail sont arrivées dans le district de Calgary dans le cours de l'été dernier. On compte maintenant dans cette partie du Nord-Ouest, au moins 100.000 têtes de bétail distribuées sur soixante ranches.

Les ranches du Nord-Ouest canadien acquièrent rapidement une grande importance. Il a été loué une étendue de près de 1.200.000 hectares de prairies. Sur ces terres, on compte déjà 54.000 têtes de gros bétail, au moins 10.000 moutons et 6.000 chevaux. Ces chiffres varient sans cesse. Des importations considérables de bétail se font tous les jours pour les différents ranches.

Le premier envoi de chevaux canadiens destinés à la cavalerie anglaise a eu lieu l'année dernière par le steamer *Carmona*. Seize chevaux venaient des ranches du Nord-Ouest.

Dans le Nord-Ouest, la demande de bœufs excède le stock existant. Le gouvernement en achète beaucoup pour les hommes de la police montée et pour les Indiens, chacun de ces derniers ayant droit à une livre de bœuf et une livre de farine par jour. On sait que les Indiens du Nord-Ouest ont échangé la libre et nomade existence de la Prairie contre la vie assurée et monotone des envahisseurs. Les uns reçoivent une ration quotidienne de viande de bœuf, avec un peu d'argent de poche, les autres une certaine surface de terre dans les réserves indiennes, conformément aux stipulations conclues avec les diverses tribus, lorsque les « visages pâles » qui les faisaient vivre et qui vivaient avec eux les chassèrent de la Prairie et détruisirent complètement le buffle.

La salubrité de ces territoires ne saurait être mise en doute. Quant aux villes, bien que beaucoup datent à peine d'une année, elles sont loin d'avoir un aspect misérable, et l'on y rencontre des traces évidentes d'une certaine recherche, qui trahit déjà les habitudes des nations civilisées. En effet, beaucoup de femmes bien élevées n'ont pas craint d'affronter les rigueurs de l'existence des pionniers et sont venues tenir compagnie à un frère, à un père ou à un époux. Elles ont apporté avec elles le respect de leur ménage, et le goût du bien-être.

Les liqueurs fortes sont entièrement prohibées dans tout le Nord-Ouest, et il est défendu d'en posséder. Cette prohibition ne s'étend pas au Manitoba : elle vise les Indiens, qui n'ont jamais compris l'usage modéré des liqueurs alcooliques et boivent jusqu'à ce qu'ils se mettent en état de folie furieuse. Les pionniers trouvent le moyen de s'en procurer, et notamment la police montée ne s'en prive guère : il se fait une active contrebande, sur laquelle les autorités semblent fermer les yeux.

Il faut encore citer des essais de colonisation d'un genre tout particulier dans le Manitoba et le Nord-Ouest. L'un des plus intéressants est celui des Mennonites ou Russes de langue allemande, sectateurs de Simon Menno, qui prêche que la guerre est un crime et s'oppose au service militaire. Les Mennonites ont émigré en 1876, avec l'autorisation du gouvernement russe, et ont adopté le système communiste. Ils sont, au nombre de 8.000, répandus dans plusieurs villages. Beaucoup de leurs compatriotes voudraient bien les rejoindre ; mais, depuis 1876, le gouvernement russe n'autorise plus l'émigration.

On cite encore un établissement de juifs appartenant à différentes nationalités, et un établissement d'Islandais.

## IX. — LA COLOMBIE ANGLAISE

La Colombie Britannique comprend le versant des Montagnes Rocheuses à l'Océan Pacifique et de la frontière nord des États-Unis à l'Alaska. Elle faisait autrefois partie des territoires de la baie d'Hudson. En 1858, de riches mines d'or ayant été découvertes, sur les bords de la rivière Fraser, la Colombie fut érigée en colonie royale. En 1866, elle fut réunie à l'île de Vancouver, et le 20 juillet 1871 elle entra dans la confédération Canadienne.

De toutes les provinces du Canada, la moins connue et la plus éloignée est la Colombie anglaise. Lord Dufferin et le marquis de Lorne, tous deux gouverneurs généraux du Canada, ont tenu à honneur de faire le voyage de cette province, et nous en ont laissé le tableau pittoresque dans d'intéressants ouvrages. Lord Dufferin s'est servi, pour dépeindre la Colombie, d'une expression saisissante : il l'a appelée une *mer de montagnes :* c'est-à-dire que, dans sa plus grande partie, dans son ensemble, elle paraît plus propre au commerce qu'à l'agriculture proprement dite. On l'appelle aussi la Californie du Canada, parce qu'elle est placée sur les bords de l'Océan Pacifique; mais elle n'est pas propre à des entreprises de grande culture; à de vastes exploitations de céréales, quoique son climat soit tempéré et plus doux que le climat des autres parties du continent américain situées à l'Est des Montagnes Rocheuses. Elle ne possède pas les belles terres à blé et la chaude température de la Californie. Elle rappellerait plutôt les provinces maritimes du Nouveau-Brunswick et de la Nouvelle-Écosse, par les facilités que trouveraient le propriétaire et le cultivateur à élever des chevaux, des bœufs et des moutons, à cultiver des fruits et à faire le commerce du gibier et du poisson. Elle est dominée par un système de montagnes et de forêts qui lui donne son caractère distinctif : la Colombie n'est donc pas le présent du Canada, c'est l'avenir, et un avenir encore très éloigné.

Une des principales causes qui retarderont l'évolution économique de cette partie du Canada est la difficulté des voies de communication. Tantôt ce sont des montagnes abruptes à escalader, tantôt des forêts vierges à traverser, tantôt des rapides à remonter et à descendre. Le touriste et le chasseur trouvent admirable et excellent ce que le cultivateur et l'industriel trouvent dangereux et impraticable. Une autre difficulté surgit : c'est la main-d'œuvre, c'est le défaut d'ouvriers. Or, cette question est d'une importance capitale. Quiconque s'établit en Colombie avec des capitaux en sent tout le poids. On emploie de préférence les émigrants, parce que, n'ayant que leurs bras pour vivre, ils se contentent de demander un faible salaire. Cette question est particulièrement à l'ordre du jour en Colombie depuis qu'on engage des Chinois pour satisfaire aux diverses industries de la province. Une Commission royale a même été nommée pour l'étudier et voici les conclusions de son rapporteur, M. Gray :

« La Colombie anglaise est un territoire immense, plus grand que l'Angleterre et l'Irlande, plus grand que la France, aussi grand que l'empire d'Allemagne.

Ce territoire ne possède qu'une population de 60.000 habitants, dispersés le long des forêts et des rivières. Les Indiens et les Chinois forment au moins la moitié de cette population. Les Anglais, les Écossais et les Irlandais à peu près un tiers de la population totale. Cette immense contrée n'est guère utilisée jusqu'ici qu'au point de vue de l'élevage du bétail ou de l'exploitation des forêts. Ce qui manque, ce sont les ouvriers agricoles et industriels, les négociants, les capitalistes.

« Les ressources de la Colombie sont telles, que jusqu'ici un travailleur laborieux et robuste n'a jamais manqué d'y trouver une situation confortable, à moins de quelque accident imprévu. Il est donc étrange qu'une race forte au physique comme la race anglaise puisse être distancée par la race chinoise, bien inférieure au double point de vue des forces physiques et intellectuelles. Cette contrée pourrait-elle se passer en ce moment des services des Chinois? C'est la question, et elle est résolue par les faits. Le Chinois travaille : mais seulement dans les métiers pénibles, ingrats et dédaignés par les blancs. Il n'est ni maçon, ni charpentier, ni fondeur, ni menuisier, ni vitrier, ni peintre; tous les métiers qui relèvent la situation de l'homme et lui permettent de faire fortune, lui sont fermés. Il est terrassier, bûcheron.

« Malgré cela, on ne peut pas dire que les Chinois dominent dans les classes laborieuses, quoiqu'ils soient consciencieux, sobres, pacifiques et doux, et qu'ils contribuent autant que les Européens à la prospérité du pays.

« Assurément, les mœurs et les habitudes des Chinois ne sont pas absolument irréprochables : ils se livrent à des pratiques idolâtres ; ils sont d'une avarice sordide; mais on peut faire d'autres reproches à d'autres immigrants ; et si l'on se montrait trop exigeant, la Colombie ne se peuplerait jamais.

« A Victoria, dans l'île de Vancouver, le taux normal de la journée d'un Chinois est de cinq schellings, et celle d'un Européen, de huit.

« Les Chinois chercheurs d'or sont engagés comme contremaîtres, ou bien ils exploitent pour leur compte. Il en était de même pour les travaux du chemin de fer du Pacifique. On peut donc dire que, sans les Chinois, la vie dans cette partie du Canada serait extrêmement difficile.

« Pour les grands travaux de chemins de fer, on n'a pas pu jusqu'ici se servir des Chinois : le travail des Européens est tellement supérieur! Lorsque les Européens veulent bien se contenter d'un prix raisonnable, la concurrence n'est pas possible : personne ne se soucie d'employer des ouvriers dont le langage est inintelligible, à moins que leur assiduité au travail et leur bonne volonté ne les rendent supérieurs à l'Européen. »

Quand nous aurons dit que la grande et pittoresque île de Vancouver se trouve dans les mêmes conditions économiques que la Colombie anglaise, qu'elle est encore un monde à découvrir, à conquérir, à exploiter, nous aurons d'un seul mot indiqué un nouveau champ de travail et peut-être une source de fortune. L'égalité et la douceur de la température permet d'y cultiver avec profit toutes les céréales et des fruits excellents. Le pays ne convient pas à la culture des grandes fermes : mais il est admirablement approprié aux exploitations moyennes et à l'élevage du cheval, du bœuf et du mouton. L'île de Vancouver est peut-être supérieure au point de vue agricole à la Colombie anglaise et plus di gne de fixer un jour l'attention du gouvernement féderal du Canada.

Nous venons de quitter l'Europe et l'Océan Atlantique et nous voici sur les bords du Pacifique, devant l'Asie, presque en face de la Chine et du Japon ! La science a fait ce prodige. Le Transcontinental-Pacifique-Canadien a réuni l'Angleterre et la Chine par le Dominion du Canada. Toute l'Amérique du Nord est livrée d'un seul coup à la civilisation !

---

## CONCLUSION

En commençant cette étude, ou plutôt ce rapide voyage d'exploration économique dans la partie du monde qu'on appelle aujourd'hui le Dominion du Canada, nous avons pris la précaution de marquer le but et le caractère de notre voyage. Nous avons montré comment l'établissement de nouvelles voies de transport avait amené et devait amener une révolution dans toute l'Amérique du Nord; puis, nous plaçant dans ces nouveaux chemins de fer qui ont forcé des pays voisins, mais étrangers l'un à l'autre, à ne plus faire qu'un seul pays, nous avons parcouru la province française de Québec, les provinces maritimes, la province anglaise d'Ontario, c'est-à-dire tout le vieux Canada, puis, filant à travers la Prairie, nous avons jeté un rapide regard sur le Manitoba et les territoires du Nord-Ouest, franchi les Montagnes Rocheuses, traversé la Colombie anglaise, abordé les côtes du Pacifique, où repose l'île de Vancouver, que nous n'avons même pas eu le temps de visiter !

Était-il possible d'étudier sérieusement la situation de l'agriculture dans le Dominion du Canada ? Chacun reconnaît d'avance que la tâche serait impossible, quand bien même nous aurions tous les moyens d'information qui permettent d'exposer l'économie rurale d'un pays, quand bien même les rapports des praticiens et les travaux des savants nous auraient édifiés sur les éléments si divers qui concourent à former une agriculture.

Comment soumettre aux mêmes règles d'observation et de critique des contrées aussi différentes par la nature de leur sol, leur climat, leur population et leurs moyens d'action sur l'agriculture, le commerce et l'industrie?

Nous le répétons à cette heure, on ne peut décrire l'économie rurale dans le Dominion du Canada; mais on peut grouper dans un ensemble de vues, d'efforts et d'intérêts communs, les provinces civilisées que l'on appelait autrefois *le Canada*, et considérer avec une attention soutenue le développement économique de ces territoires immenses et déserts qu'on appelait jadis « *la Prairie* », et auxquels est certainement réservé un avenir de prospérité.

Le Dominion du Canada est grand comme l'Europe, et il compte de 4 à 5 millions d'habitants. C'est dire qu'il a besoin d'être conquis par des hommes de bonne volonté; c'est dire, que l'établissement des chemins de fer doit inévitablement, dans un temps donné, transformer les déserts de l'Amérique du Nord en pays de production et les conduire à cet état de civilisation que la science établit aujourd'hui en même temps et presque instantanément dans toutes les parties du monde.

Il est certain que si un Français veut aller chercher fortune quelque part, en y portant son courage, ses bras et quelques billets de mille francs, il trouvera dans ces pays lointains une très séduisante occasion, sans compter qu'il aura l'avantage de rejoindre des Français qui demandent du secours, pour refaire dans l'ordre économique le pays qu'on appelait jadis dans l'ordre politique « *la nouvelle France* ».

Bien peu de personnes, aujourd'hui, se rendent un compte exact de l'étonnante révolution qui se produit sur la surface du globe ; mais on peut affirmer qu'à la fin de ce siècle les conditions matérielles de la France et de l'Europe tout entière auront subi des changements imprévus, par l'essor irrésistible que vont prendre les nations récemment encore condamnées, par leur isolement, à l'impuissance et à la stérilité. Tous les regards sont fixés aujourd'hui, au point de vue de la production et de la concurrence agricole, sur les États-Unis. Encore quelque temps, tous les regards seront tournés vers le Canada. Faisons des vœux pour que dans ce mouvement inévitable de progrès national les Franco-Canadiens jouent un rôle digne d'eux et de notre commune patrie.

Aujourd'hui, 24 juin, jour de la fête de Saint-Jean-Baptiste, jour de la fête nationale du Canada, un banquet réunira sous la présidence de M. Fabre, commissaire général du Canada, tous ceux qui fondent, à Paris, la Société nationale Franco-Canadienne. Des discours seront prononcés, et le nom de la France sera dans toutes les bouches et dans tous les cœurs. Je souhaite que cette étude vienne un jour sur les rives du Saint-Laurent, porter l'expression de mes patriotiques sentiments.

FIN

www.ingramcontent.com/pod-product-compliance
Ingram Content Group UK Ltd.
Pitfield, Milton Keynes, MK11 3LW, UK
UKHW012043240726
13965UKWH00003B/994